超解讀

黑執事

最終研究

凡多姆海伍家的禁忌祕本

Britain and tea culture

英國與紅茶文化

早期的英國，將茶視為珍貴的藥材，到了 18 世紀才正式進口茶葉。而在 19 世紀，確立了英國的紅茶文化，像謝爾少爺一樣，早晨及下午的紅茶時光融入了人們的生活之中。

Trivia 1 16 世紀時凱薩琳王妃推廣喝茶

她將中國的茶葉及貴重的砂糖、茶具等引進英國，後來被稱為「The first tea-drinking queen」。

Trivia 2 18 世紀制訂喝茶的禮儀

喝茶時女主人一定要在一旁，成為了喝茶的規矩。也只有女主人可以碰觸茶壺。

Trivia 3 喜愛伯爵紅茶的外交使臣

紅茶愛好者格雷伯爵（Earl Grey）收到中國使節團贈送的伯爵紅茶，後來成了他的最愛。Earl 意指伯爵，於是成為該款紅茶的命名。

Trivia 4 「紅茶包」誕生的由來

20 世紀初，貿易商將紅茶分裝在絲綢袋裡，拿到的人似乎就把整袋茶放下去煮。據說這就是紅茶包的起源。

Trivia 5 英國只要一發生戰爭，紅茶就會從店面消失

第一次世界大戰爆發時，英國百姓爭相到店面搶購紅茶。於是由國家接手紅茶的庫存管理，同時也配給紅茶給士兵。

Trivia 6 「先加牛奶」還是「先倒紅茶」

在英國，茶杯裡要先放什麼持續地引起熱烈討論。上流階級中，「先倒紅茶派」佔了多數。

從早上起床到晚上睡前，英國人的生活都離不開紅茶。

07:00

床前茶（Early Morning Tea）

早上起床後的第一杯茶。因為是情人或丈夫、妻子在床邊泡的，所以又稱為「愛的紅茶」。

08:00

早餐茶（Breakfast Tea）

在濃茶（Strong Tea）中加入大量牛奶，搭配早餐的土司或雞蛋料理一起享用。

11:00

午前茶點（Elevenses）

也被稱為茶休時刻（Morning Tea Break），用來結束早上的工作並轉換心情。

15:00

下午茶（Afternoon Tea）

最有名的傳統午茶時間。和日本茶道一樣有著嚴格的禮儀。

18:00

傍晚茶（High Tea）

一日的工作結束之後，搭配比司吉（Biscuit）、麵包、酒精飲料等一起享用的茶點時刻。

20:00

晚茶（After Dinner Tea）

晚餐之後的輕鬆時刻，在客廳與餐後酒一起享用，度過放鬆的時光。

為您介紹謝爾少爺平日最喜歡喝的幾種紅茶。每一款都深受上流階級歡迎，全都是高級品牌的茶葉。

哈洛斯（Harrods）
大吉嶺白茶（White Tea）

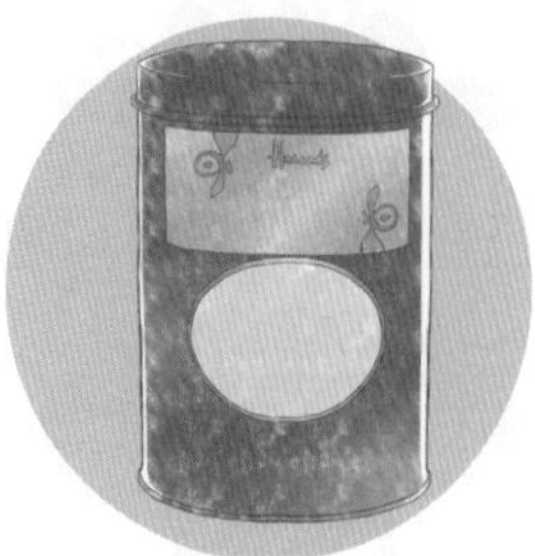

魔法般的美味深獲好評

創立於 1849 年的英國王室御用品牌。這款是英國王室御用品牌哈洛斯的極品。大吉嶺的別名是紅茶中的香檳，而這款商品更是其中少數以手摘新芽製作而成的稀少款，擁有極為細緻優雅的香氣。

福南梅森（Fortnum & Mason）
大吉嶺夏茶（Second Flush）

矗立在皮卡迪里圓環（Piccadilly Circus）**旁的高級食品百貨**

上述的形容馬上就讓人聯想到福南梅森這個品牌。1707 年創業以來，福南梅森就一直負責提供王公貴族們最高級的食品。夏茶是夏季摘採的茶葉，味道與香氣都屬頂尖。

瑪黑兄弟（Mariage Frères）
大吉嶺

被稱為法式紅茶藝術的名店

瑪黑兄弟茶是從 17 世紀以來始終承襲傳統的法國紅茶名店。名下有許多茶園品牌產的大吉嶺，推測謝爾少爺喝的就是其中一款。

福南梅森
皇家茶（Royal Blend）

為了慶祝國王即位而調配的人氣紅茶

代表福南梅森的品牌之一，是 1902 年為了慶祝艾德華七世即位而調配的茶款。在能讓人反覆品味的阿薩姆中混合了錫蘭茶，變成更醇厚的味道。

隆納菲（Ronnefeldt）
錫蘭混合茶

七星級飯店也認可的德國紅茶品牌

深受謝爾少爺喜愛的紅茶，我們推測就是隆納菲的「橙黃白毫」（Orange Pekoe）級茶葉。這款茶葉以斯里蘭卡的汀普拉（Dimbula）地區紅茶為基底，味道清爽。

阿薩姆特級茶

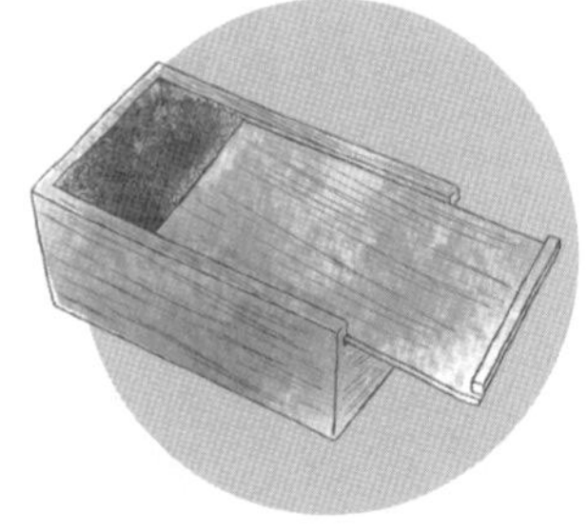

從原產地直送？特色是味道濃醇

阿薩姆的特色是豐富的香氣及濃厚的味道。漫畫中並沒有提到品牌名稱，很可能是從印度阿薩姆地區直接購買回來的茶葉。

British tea cup brand

英國的茶杯品牌

英國的名牌茶杯花色美麗且造型優雅，有不少人深受吸引。伴隨著紅茶文化的發展，英國的茶杯也跟著不斷進化。在此為您介紹其變遷過程及知名的茶杯品牌。

Trivia 1 紅茶一開始是用碗來喝的

1662年，中國用茶碗喝茶的習慣傳入英國。這時西洋人還不會製作瓷器，因此便進口沒有杯耳的茶碗來使用。有一種說法指出，當時為了想出一起進口的盤子的用途，就將那些盤子當成了放杯子的茶盤。

Trivia 2 把茶移到茶盤上飲用是種禮儀

16世紀時，荷蘭宮廷引領西洋的喝茶文化。當時荷蘭推廣的喝茶禮儀，是把茶移到茶盤上再飲用。據說這是因為使用沒有杯耳的茶碗喝熱茶並不容易，因此要先移到茶盤上，等冷卻一點再喝。

Trivia 3 1700年代英國產的陶瓷器誕生

18世紀前期，東方的陶瓷製法開始傳入，歐洲終於能夠自行製作瓷器。由於英國國內無法採集到製造瓷器的礦石，所以進展要比其他國家來得慢。然而，代表英國的品牌威基伍德（WEDGWOOD＊）誕生了。之後英國瓷器便接二連三地生產出來。

Trivia 4 混合了牛骨灰的「骨瓷」

在英國，要得到能燒出美麗白色的白黏土非常困難。不過，他們以牛骨灰作為白黏土的替代品，成功地製造出混合了牛骨灰的白色瓷器「骨瓷」。這種美麗的乳白色瓷器大受好評，在1806年被指定為王室御用茶杯。

＊繁體中譯漫畫版譯為「威基伍德」，但此品牌的台灣子公司中文名則為「瑋緻活」。

哈維蘭德（Haviland）

創立於 1842 年的高級瓷器名窯

位於以生產法國宮廷使用的陶瓷器而聞名的里蒙市（Limoges）。目前仍是愛麗舍宮舉辦晚宴時使用的陶瓷器品牌，也因此廣為人知。

骨瓷

因為使用了牛的骨灰才得此名

由於無法採集到製作瓷器所需的礦石，所以英國開發技術創造了這款擁有乳白色光澤的瓷器。據說能讓沖泡的紅茶和放置其上的餐點看起來更加美味。

威基伍德的
藍白（Blue White）系列

代表英國的瓷器品牌

創立於 1759 年，代表英國的陶瓷器品牌。創辦人約書亞·威基伍德（Josiah Wedgwood）所創作之陶器上的美麗藍色，又被稱為威基伍德藍（Wedgwood Blue）。

赫倫（Herend）的
中國風（Chinoiserie）系列

色彩繽紛又充滿異國風情的瓷器

1826 年創立於匈牙利布達佩斯的品牌，模仿將茶文化傳入歐洲的中國之傳統圖案，是一款廣為人知的異國風格茶具（「中國風」系列）。

茶杯與活動 Episode 1

萬國博覽會

維多利亞與亞伯特博物館是利用博覽會的收益所建造的。館內會點上煤氣燈，好讓勞工在工作結束之後也能前來。

象徵英國繁榮與權力的萬國博覽會

1851年，在亞伯特親王（Albert Prince Consort）的提議之下，舉辦了全世界第一場萬國博覽會。不僅向國內外展示英國工業技術的先進，也喚起人們對工業產品的興趣。萬國博覽會還兼具樣品市場的性質，展示了為數眾多的陶瓷器。威基伍德的攤位吸引了許多參觀人潮，似乎也對同業造成不少影響。今日以英國代表品牌之一而為人所知的明頓（Minton）瓷器，也在這場博覽會上獲得銅牌，成為王室御用品牌。

當年的展示品，現在參觀維多利亞與亞伯特博物館（Victoria and Albert Museum）仍可以看到。

茶杯與活動 Episode 2

即位60週年

哀慟於丈夫之死的女王，不再於公開活動中現身，且終身穿著喪服。她在相隔數十年後現身於慶典上。

以多數勞工為對象製作瓷器的亞伯特窯

維多利亞女王登基六十週年紀念，一般又稱為「鑽禧紀念」（Diamond Jubilee），為了製作慶典上的紀念商品，一間名為亞伯特窯的新成立瓷窯，接下了英國王室的訂單。他們製作全世界最便宜的骨瓷，讓多數勞工階級也能購買陶瓷器的苦心與精神，是受到王室欽點的理由。這次的訂單雖是特例，但在到處都是開業超過百年的老牌瓷窯的英國，卻是非常光榮的委託。

亞伯特窯的名稱，是由十分敬愛王室的創辦人偉德（Wild）父子所命名。乃是源自於維多利亞女王的孫子亞伯特王子之名。

目次

目次

名門望族的年輕主人，以及充滿謎團的執事

Outline
故事大要

舞台背景為 19 世紀的英國。
英國的名門貴族凡多姆海伍家，
有一位可以把所有事都做得非常完美的執事。

他名叫賽巴斯欽．米卡艾利斯，
服侍年約十二歲的主人謝爾。

某次，主人謝爾遭到義大利黑手黨──
費羅家族所綁架。
然而，賽巴斯欽卻以可怕的能力，
從壞人手中拯救了主人。

不把鉛製的子彈當一回事，隨時都能復活，
不屬於人類的「惡魔」之力。

沒錯，執事賽巴斯欽──
「是惡魔，同時也是執事！」

Q 謝爾少爺為什麼要戴眼罩？

A 為了藏起與惡魔訂下契約時，刻在右眼中的契約印記。

謝爾少爺所戴的眼罩，原本是醫療用品。他在雙親死後飽嚐各種苦難，為了向那些讓他陷入這般境地的人報仇，便與惡魔訂下契約，在右眼中留下了「逆五芒星」作為契約印記。在動畫版中，他原本美麗的藍綠色雙瞳，因為這個印記而變成淡紫色。

惡魔身上也有個相同的印記，因此謝爾少爺為了隱藏這個印記，平常都會戴著眼罩，賽巴斯欽則是戴著手套。畢竟不能讓人知道謝爾與惡魔訂下了契約。

此外，從賽巴斯欽飼養了「地獄犬凱柏洛斯」為寵物來看，作為他原型的惡魔應該是所羅門七十二柱的「納貝流士」（Naberius）。

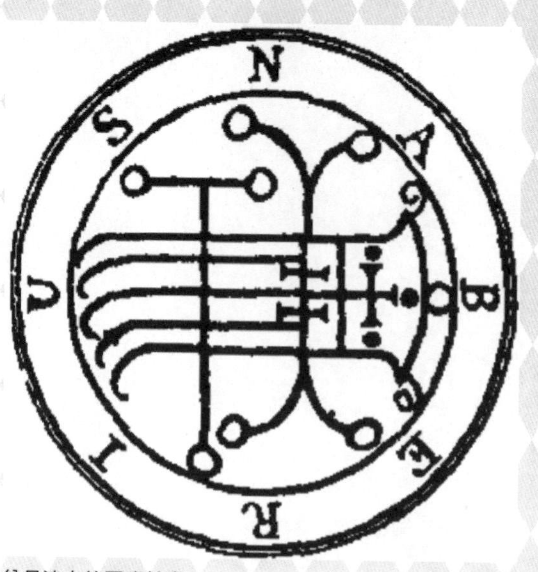

納貝流士的惡魔紋章

凡多姆海伍家的僕人都要做些什麼工作？

在19世紀的貴族宅邸中，僕人通常都是些做家事的人。

總管田中先生是僕人的領班，原本應該要負責管理所有僕人及家中帳務、旅行的準備等事宜。可是，這位田中先生好像只會喝茶……

園丁菲尼除了要管理庭園之外，包括培育自家種的蔬菜，以及種植裝飾屋內用的花朵，這些都是他的工作。

廚師巴爾德負責烹飪以及食材的準備。梅琳是家事女僕，負責管理床單等布料及餐具、購買日用品等等都是她的工作。

接著是執事賽巴斯欽，他要管理酒類及銀製餐具，並且布置餐桌。不過，只要看了賽巴斯欽工作的樣子，就知道他一個人就能完成所有人的工作……

第1話　那名執事……能幹

謝爾必須上的帝王學課程是什麼？

是身為王室或伯爵家的繼承人必須接受的特別教育。

連知名的雨果教授都能請來自家授課，真不愧是出身名門貴族的凡多姆海伍家。說起來，18世紀末的上流階級子弟請家庭教師到府指導是很平常的事。

謝爾少爺所上的帝王學課程，學的是身為統治者必須具備的教養與態度等等。這是王位或爵位繼承人一定要學習的學問。日本皇室則將之視為男子教育的一環，會讓皇位繼承人前往英國留學以學習帝王學。

不過，謝爾少爺早就以凡多姆海伍家的主人身分招待過許多賓客，也拓展了事業，看起來已經學得很完美了。這是老師教導之下的成果嗎？還是說……

那名執事……能幹

克勞斯先生送來給謝爾少爺的「Mouse 3」是什麼樣的遊戲？

是在暗指任天堂的遊戲軟體「地球冒險」系列。

凡多姆海伍家的事業之一，就是製造、販售兒童玩具。謝爾少爺身為企業家，也很認真地對成為市井話題的遊戲軟體進行市場調查。而且他玩遊戲的技術似乎很不錯，這款遊戲應該過沒多久就可以破關了。「Mouse 3」參考自「地球冒險 3」（MOTHER 3），是以被謎團包圍的諾威爾島為舞台背景的角色扮演遊戲。

由廣告文宣撰稿人糸井重里親自設計，也成為本遊戲的話題。

地球冒險 3

那名執事……能幹

號稱蓋飯始祖的「芳飯」到底是什麼？

據說就是日本散壽司的原型，是一種飯類料理。

為了提供給遠從義大利而來的克勞斯先生一流的款待，賽巴斯欽認真地做足了準備，然而卻出了大差錯。但能緊急將款待內容改為日本風格，實在不愧是凡多姆海伍家的執事。招待克勞斯先生吃的牛肉蓋飯，是從中國的芳飯演變而來的一道料理。在室町時代傳入日本，是一種將蔬菜切細並將配料調味後蓋在飯上的「飯類料理」。此外，還有把味噌湯倒上去一起享用的吃法。

從它美麗的外觀看來，似乎也曾在上流階級中成為主流，以此作為招待客人用的餐點，不也很適合嗎？

Q 身為紳士理所當然要會跳的社交舞是什麼？

A 就是以三拍節奏來跳的優雅宮廷華爾滋。

拿破崙戰爭結束後，為了戰後處置而在維也納舉行了會議，期間舉辦的舞會中所表演的舞蹈曲目就是華爾滋。

跳起來優雅的華爾滋大受歡迎，君主們愛上了華爾滋，還將這種舞帶回自己國家的宮廷內。

不過，據說宗教家認為男女依偎在一起跳舞是種淫穢的行為，數度想禁止眾人跳華爾滋。從賽巴斯欽與謝爾所上的課程就可以看出，跳這種舞時身體可是緊緊依偎在一起的呢。

跳社交舞的情景

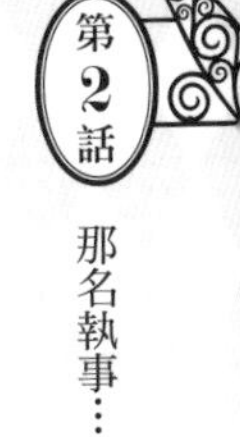

Q 為什麼謝爾要拿手杖呢？

A 因為手杖是19世紀英國紳士的必備配件。

雙腿沒有任何不便的謝爾少爺，手中卻拿著手杖，是不是讓人覺得有點疑惑呢？對於19世紀的英國紳士而言，手杖是特權階級地位的象徵，也是時尚物件及防身用具，是一定要帶在身邊的配件。

在維多利亞時期，最受歡迎的外出用手杖，是設計輕盈又堅固的藤製手杖。握把部分使用象牙、鹿角、大理石等優雅的手杖非常流行，以馬或獵犬作為意象的設計款似乎也很受歡迎。至於謝爾少爺的手杖，動畫版裡的骷髏手杖很有名，是19～20世紀確實存在的設計。

此外，要在領地內散步，就會使用堅固的青剛櫟木或竹子等製作的手杖。

Q 賽巴斯欽曾在美泉宮跳過維也納華爾滋嗎？

A 畢竟他是活了數百年的惡魔，或許確實有那樣的過去也說不定。

老約翰・史特勞斯

幫謝爾少爺上課時，賽巴斯欽說了句令人在意的話。所謂的美泉宮*（Schloss Schönbrunn），就是知名的女皇瑪麗亞・特蕾莎（Maria Theresa）所居住的奧地利帝國宮殿。同時也是以法國皇后瑪麗・安托瓦奈特（Marie Antoinette）少女時代居住過而聞名的宮殿。

維也納華爾滋指的是維也納風格的華爾滋，19世紀前期，奧地利作曲家約翰・史特勞斯（Johann Strauss）父子創作了多首華爾滋舞曲，掀起歐洲全境一股華爾滋熱潮。雖然我們不知道賽巴斯欽有著什麼樣的過去，但說不定在他來到凡多姆海伍家之前，曾跟奧地利的王室或貴族訂過某種契約呢！

英國貴族一出生就有婚約是真的嗎？

貴族聯姻就相當於是爵位與身分的審查，而貴族之間通婚則是慣例。

謝爾少爺與伊莉莎白小姐，在雙方父母的決定下訂立了婚約。話雖如此，但英國是父權國家，因此只要雙方父親彼此評估之後就會下決定。伊莉莎白小姐的家族是米多福特家，擁有侯爵爵位。所謂的侯爵，在以王室為頂點的英國階級金字塔中，是僅次於王室和公爵的上級爵位。凡多姆海伍家則是位居第三的伯爵家族，因此跟伊莉莎白小姐訂婚是有好處的。

就算是平常穩重又冷靜的謝爾少爺，還是被伊莉莎白小姐搞得暈頭轉向。說不定他們這樣反而出乎意料地非常登對，且能發展得很順利呢……

第2話 那名執事……最強

菲尼喜歡觀賞的連續劇「暴坊伯爵」的原梗是什麼？

就是描述將軍匡正世道的古裝劇「暴坊將軍」。

園丁菲尼跟謝爾少爺打算一起看電視連續劇「暴坊伯爵」。故事內容是描述隱藏真實身分的英國貴族懲奸除惡，十分大快人心，相當有人氣。

而這部連續劇的原始題材，參考自電視古裝劇「暴坊將軍」。演員松平健所扮演的吉宗將軍在江戶懲戒惡徒，是一齣賞善罰惡的連續劇。播放時間從1978年至2002年，長達數十年。「暴坊伯爵」目前似乎正播放到第八季，看來也是齣長壽的劇集。

吉宗評判記　暴坊將軍
第一部　傑作選

Q 凡多姆海伍家的宅邸裡為什麼有撞球檯？

A 撞球在19世紀後期大為流行，因此會特地打造一間撞球室。

　在凡多姆海伍家的僕人們認真地抓老鼠時，謝爾少爺與客人在宅邸內的某個房間打撞球，玩得正高興。宅邸裡居然擺放了撞球檯，難道謝爾少爺很喜歡打撞球嗎？

　事實上在19世紀後期，撞球在英國貴族之間大為流行。他們有志一同地改造了鄉村別墅中的某個房間，作為專用的撞球室。在這個專用房間裡，為了招待興致高昂的客人，也會設置可以讓人喝一杯的吧檯，讓眾人能一邊小酌並享用輕食，一邊繼續打撞球。

一般的撞球檯

菲尼所想出來的「湯姆貓與傑利鼠」作戰的原梗是什麼？

就是美國卡通「湯姆貓與傑利鼠」。

為了要捕捉老鼠，菲尼所想出來的作戰方式就是「湯姆貓與傑利鼠大作戰」。

應該有不少人已經猜到了，那是參考自美國卡通「湯姆貓與傑利鼠」，故事主角是聰明的老鼠傑利，以及想親自抓住牠吃掉的貓湯姆。

可是，故事的發展總是傑利靠著出色的頭腦，輕鬆逃過湯姆的追殺。看來菲尼的作戰似乎不容易抓到老鼠呢……

湯姆貓與傑利鼠
「ACADEMY COLLECTION」系列
發行商：華納影視

第3話 那名執事……萬能

英國的老鼠真的有那麼多嗎？

在當時，老鼠很理所當然地存在於人類的生活中。

在巴爾德的帶頭之下，凡多姆海伍家的僕人們為了驅趕老鼠，陷入一場艱困的惡戰之中。

在那個年代，老鼠很自然地會在倫敦這樣的人口密集區繁殖。家鼠不只會跑進家裡大肆破壞，還曾引起瘟疫大流行，使得整個歐洲陷入恐慌，可以說非常受到人類的嫌惡。

現代相當受歡迎的寵物犬約克夏，就是在19世紀中期為了驅逐老鼠而培育出來的狩獵犬。

家鼠

Q 賽巴斯欽左手背上的逆五芒星是什麼？

A 是謝爾少爺與惡魔訂下的契約書。

賽巴斯欽脫下手套後，應該有不少人看到手套下的圖案而感到相當驚訝。

那圖案與謝爾少爺眼罩下的圖案相同，都是逆五芒星。

這個紋章跟一般的星形記號上下顛倒，一般頂點朝上的五芒星是用來驅逐妖邪的紋章，相對的，逆五芒星則是象徵邪惡。因此也被稱為惡魔之星，通常用來召喚邪惡的精靈或使用在魔法上。

逆五芒星

第4話 那名執事……瘋狂

巴爾德所閱讀的《THE TIMES》是什麼樣的報紙？

是全世界歷史最悠久的日報，至今仍在發行。

於1785年創刊的《THE TIMES》，在英國刊登了法國革命及拿破崙戰爭的動向等資訊，是能夠了解歐洲各大新聞的重要媒體。當時以發行數量居冠為傲，全部共四大頁的版面上，刊載的內容包括了國內發生的事情、議會概要、企業家或名人的八卦、戲劇評論等等。19世紀時所發行的又分為每天發行的平日版，以及將平日版做重點摘錄的週日版。像凡多姆海伍家這麼富裕的家庭，就會每天閱讀平日版以掌握社會的動向。

在英國，說話時的用字遣詞及發音的差異，可以看出一個人的出身階級。時至今日，閱讀《THE TIMES》的人仍被認為大多是中上階層的人士。

第4話 那名執事……瘋狂

阿茲羅推測賽巴斯欽所出身的特殊部隊是指什麼？

是軍中接受特殊訓練，另行獨立編制的部隊。

阿茲羅在凡多姆海伍家安排殺手並襲擊了謝爾少爺，然而，當他看到賽巴斯欽超越人類的驚人攻防表現，不禁懷疑他是不是特殊部隊*的傭兵。

所謂的特殊部隊，指的是分布在全美境內的部隊，任務是解決綁架人質、持槍掃射等兇惡犯罪事件。依職務內容不同，有不少成員也會參與特殊作戰，因此連對家人都不會透露自己屬於特殊部隊。

第160特種作戰航空團的MH-6直升機

*繁體中譯漫畫版譯為「特殊部隊」，但一般都稱為「特種部隊」。

漫畫單行本所沒有的！
主標、標語解說集 vol.1

第 1 話　那名執事……能幹　刊載於 2006 年 10 月號

主標　無

標語　執事是主角？太放肆了——

尾標　下一回，少爺會發生那樣的事，到底是指……

解說　終於開始連載，值得紀念的黑執事第一回。橫幅就只有這麼一句話，怎麼看都覺得太堂而皇之，一點都不像個執事呢。

第 2 話　那名執事……萬能　刊載於 2006 年 11 月號

主標　今天跟少爺一起出門購物

標語　哇啊！好美，落下花瓣雨的午後——

尾標　下一回，我們家遇上大麻煩了……

解說　賽巴斯欽跟謝爾少爺一起出門買拐杖。因為被當成小孩子而顯得很不高興的謝爾少爺也很可愛，果然還是個小孩子呢。

第 3 話　那名執事……最強　刊載於 2006 年 12 月號

主標　倫敦的老鼠真的讓人很困擾

標語　今晚就盡情喧鬧吧

尾標　下一回，前去迎接少爺

解說　謝爾少爺被綁架了。但是他並沒有露出任何驚慌的表情，看得出來對賽巴斯欽有絕對的信賴。話說回來，他們之間的關係也看不出哪裡像普通的執事與主人……

第 4 話　那名執事……最悍　刊載於 2007 年 1 月號

主標　神祕的追兵讓阿茲羅掩不住焦躁的神色

標語　我現在就來

尾標　今天驚動大家了呢

解說　賽巴斯欽展現了壓倒性的力量。光從橫幅上的文字也能感覺到他的強大，收尾也做得很完美。不過從對方的角度來看，大概不是只有驚動這麼簡單吧。

Vol. 2

瘋狂連續殺人事件──開膛手傑克的真相

Outline
故事大要

凡多姆海伍家的忙碌執事賽巴斯欽，
在沒用的僕人們與任性的主人包圍下，
過著忙亂卻平和的每一天。

就在某一天，即將結束社交季的倫敦，
發生了專門針對妓女下手的連續殺人事件。
因為受害者們陳屍的模樣，犯人獲得了這樣的稱號──
「開膛手傑克」……

在女王的命令之下，謝爾為了解決事件，
跟賽巴斯欽一起前往街上調查。

正當他們解開謎團，接近真相時，出現在他們面前的，
是既非人類也非惡魔的「死神執事」──
克雷爾．沙多克里夫。

非人類的執事們之間的戰爭，就此揭開序幕。

Q 執事的工作是什麼?

A 主要的工作是負責照料主人身邊的大小事，以及僕人們的訓練。

照料經常提出任性要求的謝爾少爺身邊大小事，以及替三名僕人收拾爛攤子，這些看起來似乎是執事的工作，但實際上執事的職責究竟是什麼呢？

首先，在凡多姆海伍家，似乎是由賽巴斯欽向謝爾少爺報告當天的行程，但實際上，應該是由主人告知執事一天的計畫，再由執事向其他僕人宣布。

執事要打點主人身邊的事，也要幫忙更衣。在上流階層中，主人的造型與打扮是由執事及僕人負責打點。

此外，執事也會向賽巴斯欽那樣負責教育僕人。不過凡多姆海伍家的僕人們都很有個性，想來賽巴斯欽應該相當頭痛吧。

故事中提到凡多姆海伍家的僕人都是賽巴斯欽所僱用的，選任用人也是執事的工作之一。僱用僕人時，要由執事進行面談，若適合這份工作的話，就能順利在宅邸內幫傭了。

接著，執事最重要的工作就是款待客人。為了不在客人面前讓主人蒙羞，執事及僕人會非常謹慎，努力地完成各項工作。在這一點上，賽巴斯欽的表現就非常優秀，謝爾少爺也給予他絕對的信任。

前面所提及的這些，就是執事主要的工作。到目前為止，賽巴斯欽的一天似乎還是非常忙碌的樣子。

中國風（Chinoiserie）是指什麼？

指的是加上中國風格裝飾的陶瓷器。

中國風的茶杯

Chinoiserie 一詞在法文中指的是中國情趣的意思。一般來說，就是指畫上中國風圖樣的餐具，或是予人中國印象的建築物外觀。

據說中國風是在17世紀中期至後期，由東印度公司（17～19世紀與亞洲各個殖民地進行貿易的公司）從亞洲進口到歐洲而開始流行起來。

在當時的歐洲，中國的美術風格看起來既新奇又神祕，因此在貴族之間盛行一時。

後來，歐洲人陸續移居到中國等亞洲各國之後，便在歐洲的美術樣式中加入了中國風，像謝爾少爺手中的茶杯等陶瓷器也就陸續問世。

中國風的陶瓷器大多以白底青花的圖樣作為裝飾，其中也有不少繪有龍或鳳的圖案。

另外，赫倫這個品牌來自於匈牙利，主要是設計並販售陶瓷器及家飾品。

亞麻*（linen）是指什麼？

用於床單等寢具的布料。

凡多姆海伍家所使用的應該是亞麻製的寢具。

亞麻布是一種以麻為原料、質料輕薄的布。亞麻布料吸水性佳，多用來製作夏季服裝、床單等寢具和手帕等用品。

沒染色之前的亞麻呈白色或淡黃色。偏黃色的亞麻，通常會以小麥色或象牙色來比喻。在日本，所謂 linen 大多是指麻織品，所以這個名詞似乎並不常聽到。

另外，像飯店等住宿設施裡，即使寢具不是亞麻製品，也會稱之為 linen。因此，日本會將保管寢具的房間稱為 linen 室。

*[illegible]

那名執事……邂逅

19世紀的洗衣機是什麼樣子呢？

進入20世紀之後，洗衣機才開始普及。

梅琳搞錯了洗衣粉的劑量，這種有點小迷糊的個性，或許有不少人會覺得很可愛。

不過，洗衣機在19世紀並不普及，一般人洗衣服還是使用洗衣板。但可以確定的是，當時已經有手轉洗衣機這種東西存在了，因此凡多姆海伍家裡很有可能就是使用這種機器。

19 世紀的手轉洗衣機

A Q

巴爾德所說的「藝術就是爆發」是什麼？

是藝術家岡本太郎說過的話。

「藝術就是爆發」這句話，是1981年麥克賽爾公司（maxell）的錄影帶廣告裡，岡本太郎所說的台詞。這句台詞成為當時的流行語，為那個世代的人帶來廣泛而強烈的影響。岡本太郎是以「太陽之塔」為代表作、創作了相當多作品的藝術家，但巴爾德做出藝術性料理的那天，究竟會不會到來呢……

「太陽之塔」
岡本太郎　作

那邊的寵物是什麼？

看到平常很冷酷的賽巴斯欽跟小貓玩，女孩們心裡肯定覺得很可愛吧？

出現在賽巴斯欽回憶中的那個奇妙生物，是參考自電影「異形」中登場的外星生物。有著細長頭部與尖銳的牙齒，賽巴斯欽卻說那是「那邊的寵物」……果然還是讓人很難接受啊。

ALIEN
DIRECTOR'S CUT
ULTIMATE EDITION

異形
發行商：二十世紀福斯影片公司

Q 開膛手傑克事件是什麼？

A 發生於1888年的連續血腥殺人案件。

謝爾少爺在女王陛下的命令之下，前往調查開膛手傑克事件。讓謝爾少爺如此傷透腦筋的「開膛手傑克」到底是什麼呢？

所謂的開膛手傑克事件，指的是1888年發生的連續血腥殺人案件，所有的被害人都是妓女。開膛手傑克中的「傑克」，就像是日文中所謂的「無名權兵衛*」，這起事件的犯人至今仍是個謎，被視為一宗懸案。

關於犯人是誰，眾說紛紜，就如同葬儀社所說，他使用類似手術刀的銳利刀刃，將部分內臟帶走，因此犯人的職業應該是醫生，這個說法也被視為是最有力的推測。此外，受害的妓女們毫無戒心，犯罪現場都有留下她們與犯人接觸的證據，因此也有一派說法認為是女性犯下這些案件。

紅夫人是位醫生，因此可以推測她也是嫌犯之一。但她畢竟是謝爾少爺的阿姨，總不會真的就是嫌犯吧……

開膛手傑克的插畫，刊載於當時英國的社會諷刺漫畫雜誌《PUNCH》

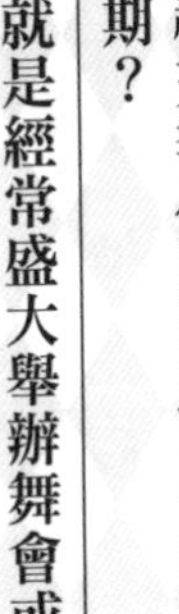

社交季（season）是什麼樣的時期？

就是經常盛大舉辦舞會或晚宴的時期。

在八月即將邁入尾聲的英國，謝爾少爺看到堆積如山的邀請函顯得很不耐煩。看來對於貴族們從鄉間別墅前往倫敦的城中大宅，奔向自由解放的社交季，謝爾少爺是很厭惡的。

英國舉行社交宴會的時期，集中在四月到六月，不過早一點的話，也有十二月左右就進入社交季的。社交季期間主要是舉辦舞會、晚宴、美術展、園藝品評會，或賽馬、運動會等活動。在舞會中，單身男女除了愉快地跳舞，還能進一步培養感情，是類似相親的場合。因此，淑女們會穿上華麗的服裝把自己打扮得很美，好尋找未來的丈夫。

社交季會在八月左右結束，所有人也會各自回到自己的鄉間別墅。

第6話 那名執事……送葬

ＯＨＭＳＳ（女王陛下祕密情報部）是什麼？

在諜報電影中登場的機構。

ＯＨＭＳＳ的名稱是取自「On Her Majesty's Secret Service」（女王陛下祕密情報部）的單字字首。或許說００７的話就有不少人會懂了。

ＯＨＭＳＳ（即電影「００７：女王密使」英文原名）就是一部描述主角詹姆士・龐德持續進行諜報活動的電影。也就是說，對於能在短時間內掌握所有嫌犯並向謝爾少爺報告的賽巴斯欽，紅夫人覺得他根本就是個情報人員。

００７：女王密使
發行商：二十世紀福斯影片公司

紗*（muslin）是什麼樣的質料？

用棉或羊毛等素材製成的薄布料。

以紗製作的禮服

謝爾少爺穿著一身蓬蓬的薄紗禮服，搖身一變成為秀麗千金。許多人看到他這身打扮，是否有點心跳加速呢？

紗是利用棉或羊毛等素材進行加工的織品總稱。英文名稱的來源，有種說法是阿拉伯人將其命名為mousseline，並開始進口至歐洲各地。另一種說法則是因為它最早是從伊拉克的城市摩蘇爾（Mosul）傳入歐洲的。

此外，採用真絲做成的紗就稱為雪紡，一般使用在女用頭紗或披肩、夏季衣服及帽子上。

紗也有分染色的素面布，以及染上圖案的花紋紗。以羊毛織成的羊毛紗，擁有彈性及光滑度，不易悶出霉味，因此對謝爾少爺所穿的那種禮服來說是很珍貴的質料。

因為紗的質料輕薄，用來製作衣服的話，會讓肌膚若隱若現。因此，當皮膚有如謝爾少爺這樣白皙的女性穿上薄紗禮服時，不就化身為美麗的少女，吸引許多人的求愛嗎？

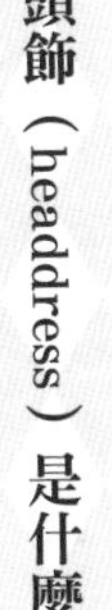

頭飾（headdress）是什麼？

女性戴在頭上的飾品。

看到美麗的千金小姐們在眼前，伊莉莎白小姐顯得很興奮。看來似乎是被她們所戴的頭飾給深深吸引了。

所謂的headdress是以蕾絲或緞帶編織的橢圓形頭飾。這些頭飾有各種不同的形式，例如以花朵裝飾其上，或是像伊莉莎白小姐戴的那樣裝飾著荷葉滾邊等等。

戴著頭飾的新娘

穿劍魔術是什麼？

由人進入箱子內，魔術師拿劍刺進箱子裡的一種魔術。

「我這一生都完了!!」正當謝爾少爺即將被伊莉莎白小姐識破真面目之際，變裝成魔術師登場的賽巴斯欽解救了他。

賽巴斯欽進入沒有任何機關的衣櫃裡，外面密實地捆上鐵鍊，從裡面是打不開的。大量的劍刺穿了這個絕對無法逃脫的衣櫃，賽巴斯欽卻毫髮無傷地從裡面生還。

穿劍魔術最引發討論的，就是箱子裡面可能有個隱藏空間，在穿劍時人就要躲進去，類似這樣的各種說法都有。不過以賽巴斯欽來說，根本不需要使出這種小手段，只要直接用身體接劍這種粗暴手段就能搞定一切。可以說要非人類的惡魔才做得出來吧。

那名執事……可佩

Q 謝爾身上穿的緊身褡是什麼？

A 把腰部綁得非常緊的調整型內衣。

謝爾少爺腰上圍著一圈稱為「緊身褡」的內衣，露出痛苦的表情。前面雖然用了一些絕妙的分鏡畫面，白白讓一些女孩心跳加速，但請千萬不要想歪。

緊身褡是為了讓腰看起來更纖細而穿的調整型內衣，也稱為束腹。19世紀歐洲的審美觀是「有小蠻腰的女性最美」。當時的女性都會在腰部綁上緊身褡，目的就是要雕塑出宛如沙漏般極端的纖腰體型。僕人拚命拉緊小姐的緊身褡這樣的畫面，甚至還曾出現在諷刺畫當中。

第8話

那名執事……可佩

Q **地下拍賣會是什麼？**

A **就是指買賣人口。**

19世紀初的歐洲，曾經有把從非洲擄來的人推出去拍賣的紀錄。「販賣二十五名黑人少年、少女奴隸」、「販賣十八名成年男女及十二歲少女以償還債務」這類販賣人口的廣告，就這麼公然地刊登在街道的牆壁及報紙上。

人口販賣的街頭廣告

第8話

那名執事……可佩

Q **倫敦的人口數大約是多少呢？**

A **根據紀錄約有一百到一百五十萬人。**

謝爾少爺與賽巴斯欽留宿的倫敦，為英國最主要的工業地帶，是個迅速開發中的地區。

隨著都市發展，人口從19世紀初的不到一百萬人，在約一百年後的維多利亞時代末期成長至一百五十萬人。然而，工廠所排出的黑煙對人體有害，所以到20世紀初為止，約有一萬人死亡。倫敦也因此得到「霧都」這個別稱。

此外，因為人口爆炸，犯罪事件也隨之增加，於是設立了首都警察。1830年成立初期，警察約有三千人左右，到了19世紀末則增加到約一萬六千人，可見有部分居民擁有警察的身分。

Q 死神是什麼樣的存在？

A 死神正如其名，是掌管死亡的人。

提到死神，就會讓人聯想到穿著一身黑色斗篷、揮舞著大鐮刀的骷髏樣貌，不過出現在謝爾少爺與賽巴斯欽面前的死神，卻是說話娘娘腔又詭異的克雷爾．沙多克里夫。死神負責的工作，就是從活人身上收割靈魂，將之帶到死後的世界。

有一種說法認為，如果照片上出現了拿著鐮刀的死神，那就是即將遇到危險的徵兆。

此外，在塔羅牌占卜中，死神被畫在大祕儀（Major Arcana）裡的第十三張牌，是代表終止或損失等不幸的預兆。不過，依據紙牌的組合或從紙牌堆中抽出來時的圖案正反方向，也會變成從死亡中再生、重新來過等象徵希望的意思。

除了一般穿著黑斗篷的死神之外，也有騎著馬的骷髏，或是擁有一雙黑翅膀等各種樣貌，所以說不定也有像克雷爾那樣的人妖存在。

話雖如此，克雷爾這幾位死神，不知道能不能像謝爾少爺所希望的那樣改變呢……

「死神與樵夫」
尚－法蘭索瓦．米勒（Jean-François Millet）

Q 英國的貧民窟是什麼樣的地方呢？

A 是疾病與犯罪蔓延的貧窮街區。

穿著酷帥黑色長大衣的賽巴斯欽，以及戴著蓬軟帽子的謝爾少爺，兩人來到的是倫敦著名的貧民窟——東區（East End）。

19世紀的倫敦，分成多半是富裕貴族居住的西區，以及貧窮人所居住的東區。

在東區，充斥著開膛手傑克這類的犯罪案件，以及痢疾、傷寒等疾病，事實上，像謝爾少爺這樣身分高貴的人是絕對不會靠近如此危險的場所。

在開膛手傑克一案中經常被提及的白教堂區（Whitechapel），是貧窮與犯罪滋生的地帶，與其名字完全不相符。

第9話 那名執事……幻像

Q 電鋸是森林伐木的工具嗎？

A 原本是用來切割「骨頭」的工具。

死神克雷爾的武器是取人性命的電鋸。現在這種工具在大家的印象中應該是用於森林採伐。不過在19世紀剛發明時，電鋸是種以切斷骨頭為目的的工具。

1830年，德國的整型外科醫生貝倫哈特·海恩開發了在鍊條上加小型刀刃，手動操作以切斷骨頭的器具「骨鑿」。據說這就是現代電鋸的由來。

貝倫哈特·海恩（Bernhard Heine）所做的電鋸（骨鑿）

執事的工作

一般來說，執事都要做些什麼樣的工作呢？這裡簡單介紹一下從 19 世紀到現代執事的工作。

貴族與僕人

當時在英國大富豪的家裡，還有人曾僱用高達一百名的僕人。
在沒有瓦斯爐及家電用品的時代，從烹飪到洗衣所有的工作都必須仰賴人力，因此「大量地僱人」，除了是想過著貴族般的舒適生活之所必需，也可以彰顯自己的身分地位，還能創造就業機會。

執事的工作

日本稱為「執事」的這個職務，在英國則嚴格地區分為以下三種：
「總管」（house steward）：管理家中的財務及僕人。
「執事」（butler）：管理餐具及紅酒，用餐時在餐桌旁提供服務。
「男僕」（footman）：打點主人全身上下所有事宜。

所謂的執事（butler），原本就是因為管理紅酒的「瓶子」（bottle）而得名。工作內容包括購買、管理紅酒和餐具（當時皆由亞洲進口，因此都是高級物品），以及擦拭保養銀質餐具、用餐時隨侍在主人及賓客身旁，算是很重要的角色。
此外，「男僕」所負責的工作，則包括替貴族更衣到綁鞋帶等等，因為所謂貴族就是「什麼事都不用做也能舒適生活」的人。當然，也有一些貴族只會僱用少數僕人，也有些像凡多姆海伍家那樣，執事要身兼「總管」、「執事」、「男僕」等多種職務。
在這種其他僕人都沒什麼用的情況下，這個工作到底有多麼辛苦，壓力又有多大，我想各位看了賽巴斯欽應該就很清楚了。

執事不能做哪些事？

當執事不可以結婚，也不可以借錢或是賭博。這是因為執事被要求一天二十四小時、一年三百六十五天都要服侍主人，同時也要管理貴族家中財產的緣故。
如果執事有自己的家庭，就會被妻子質問「工作跟我哪個重要」，也不能全天候專心地工作。此外，如果有借款的話，就會有挪用公款的危險。
所謂「執事與女僕的禁忌之戀」，也是因為會發生這樣的情形才被視為「禁忌」吧。

現代的執事就是「男祕書」？

在現代，像這樣「住到上流階級的家裡，像執事那樣工作」的職業，已經非常罕見了。
不過在商業社會中，有些能力強、有責任感、可信賴的人物，會像經營者或政治家所聘請的「男祕書」那樣，去做「服務主人、支援主人的工作」。而這樣的人在現代往往也能獲得相當的地位。

漫畫單行本所沒有的！
主標、標語解說集 vol.2

第 5 話　那名執事……繁忙　刊載於 2007 年 2 月號

主標　今天執事的一天也開始了
標語　背對著太陽，更是美麗——
尾標　下一回，全彩封面與扉頁，進入新篇章 !!
解說　話說回來，執事的工作到底是什麼呢？早上天一亮，賽巴斯欽就開始指揮三名僕人，今天也要好好服侍謝爾少爺。

第 6 話　那名執事……行動　刊載於 2007 年 3 月號

主標　《黑執事》初次全彩扉頁 !!
標語　在宴會的衣香鬢影中，耽溺於享樂
尾標　果然很完美
解說　開膛手傑克所有嫌犯的不在場證明，賽巴斯欽兩三下就調查清楚了。對於賽巴斯欽那超乎常人的諜報活動，紅夫人感到非常震驚。

第 7 話　那名執事……瘋狂　刊載於 2007 年 4 月號

主標　追查開膛手傑克的真相
標語　要去哪裡我都帶您去吧。前往您想去的那個地方——
尾標　又來了嗎？少爺
解說　謝爾少爺扮成千金小姐的樣子，想必讓許多人覺得非常可愛。不過打扮成魔術師，戴上面具的賽巴斯欽也是這一話的看點喔。

第 8 話　那名執事……可佩　刊載於 2007 年 5 月號

主標　為什麼會發出那樣的……聲音
標語　見不得光，悖德的紳士淑女——
尾標　下一回，以書中彩頁登場！
解說　讓賽巴斯欽幫忙綁緊身褡，不小心發出性感呻吟的謝爾少爺。還有地下拍賣會這個名詞，也會讓不少人產生各種想像呢。

第 9 話　那名執事……邂逅　刊載於 2007 年 6 月號

主標　終於，一切都要明朗化了 !!
標語　夢與現實都一樣。紅色的記憶，不斷迴旋
尾標　克雷爾！克雷爾 ?!
解說　開膛手傑克事件的犯人終於要揭曉了。在謝爾少爺與賽巴斯欽面前出現的，是紅夫人與死神克雷爾。沒想到犯人居然有兩個人……

Vol. 3

悲哀的結果——紅夫人之死

Outline
故 事 大 要

開膛手傑克的真面目是紅夫人……
發生在她身上的悲慘過往，
讓她成為恐怖的
開膛手傑克。

然而，彷彿在嘲笑那樣的過去一般，
死神克雷爾完全捨棄了已經沒有利用價值的紅夫人。
目睹一切的謝爾，命令賽巴斯欽殺了克雷爾。

站在紅夫人的遺體旁，
謝爾在想什麼呢？

在倫敦發生的這樁令人哀傷的事件，
真相就此埋進無人知曉的黑暗中。

伴隨著那鮮紅色的禮服……

Q 紅花石蒜是什麼？

A 一種在秋天綻放的鮮紅色花朵。

紅花石蒜

「安的紅髮非常漂亮。就像在地面上燃燒的紅花石蒜的顏色。妳非常適合紅色，要對自己更有自信一點。」受到最喜歡的凡多姆海伍伯爵稱讚，年輕時的紅夫人羞紅了臉。後來，她將原本最討厭的紅髮視為自己的優點，還被人稱為紅小姐和紅夫人。雖然紅夫人平常是位強勢的貴婦，但看到她活潑的一面，也讓人忍不住感動。

紅花石蒜是一種在夏秋之際綻放的花朵，就像凡多姆海伍伯爵所說的，那是一種宛如火焰燃燒般的紅色。

因為是在彼岸時節*開花的植物，所以在東方及日本等地也稱它為彼岸花。

花語是「熱情」、「獨立」、「重逢」、「放棄」等，彷彿就是紅夫人的人生縮影。

此外，彼岸花也有另一個名稱，就是曼珠沙華。這個名稱來自佛教，含有「天上之花」的意思。

Q　19世紀的英國，女醫生大約有多少人？

A　當時幾乎沒有女醫生。

維多利亞時代的英國，一般認為醫學是讓男性學習的學科，並沒有對女性實施醫學教育的觀念。因此在英國國內，女性不可能取得醫生執照。英國第一位女醫生伊莉莎白．賈奈特．安德森（Elizabeth Garrett Anderson）是畢業於倫敦女子醫校之後，前往法國才取得醫生執照。

因此，紅夫人要從事醫生的工作，在當時的英國社會極為困難，推測她可能是利用貴族圈的人脈才取得醫生執照，或是私下進行當時被禁止的墮胎手術，當一個無照醫生也說不定。

Q　走馬燈是什麼？

A　能顯現出剪影畫面的旋轉式燈具。

死神克雷爾所持的死神鐮刀，其能力是能夠重現被砍之人過去的所有記憶。被死神鐮刀砍到手臂的賽巴斯欽，看到的記憶是他與謝爾少爺相遇的瞬間。如果可以的話，其實我們也想看看遇見謝爾少爺之前的惡魔賽巴斯欽的記憶。

走馬燈是一種旋轉式的燈具。走馬燈裡面繪有圖畫，能夠邊旋轉邊顯現圖畫的投影。因此人們用轉動的影像來比喻臨死前回顧的生涯記憶，並稱之為走馬燈。

附帶一提，走馬燈的英文是「Shadow Picture lantern」，將人一生的記憶比喻為提燈的燈光。

Q 克雷爾所說的「羅密歐與茱麗葉」是什麼？

A 莎士比亞的戲劇。

《羅密歐與茱麗葉》是莎士比亞所寫的戲劇作品。蒙太古家族的獨生子羅密歐與凱普萊特家族的獨生女茱麗葉墜入愛河。然而兩家卻是世仇，沒有人希望他們兩人在一起。

兩人都知道對方的家族是自己家族的仇人，於是希望兩個家族能夠和解，便去央求勞倫修士為他們舉行祕密婚禮。然而，羅密歐卻捲入街頭的決鬥事件，殺了茱麗葉的表哥，最後被逐出城外。

茱麗葉因羅密歐遭到流放而傷心欲絕，凱普萊特家族卻強迫她嫁給名門貴族帕里斯。但是茱麗葉頑強地堅決不嫁。

被逼到走投無路的茱麗葉，聽從勞倫修士的建議，喝下能讓人假死的藥，被葬在墳墓裡。原本的計畫是當她從假死狀態中清醒時，羅密歐正好來迎接她，但這項計畫並沒有順利傳達給羅密歐知道，在羅密歐趕到時，以為茱麗葉是真的死了，於是自己也服毒自盡。

後來醒過來的茱麗葉，因為悲傷過度，就把短劍刺進自己的胸口。

死神克雷爾的工作是回收靈魂。惡魔賽巴斯欽則是會吃掉靈魂。所以克雷爾想到「絕對無法結合的命運」，才會把自己比喻成茱麗葉，將賽巴斯欽比喻成羅密歐吧。

Q 19世紀英國的妓女是什麼樣的呢？

A 所謂的妓女就是出賣肉體給男人，藉此換取金錢的女性。

這位賣身的妓女，曾誓言一輩子只愛一個男人，但當她懷了孩子時，男人卻不再眷戀她。陷入自暴自棄的女人，於是成了妓女。

被紅夫人殘忍殺害的女性們，在成為妓女之前，想必也曾把身心奉獻給一個男人，並發誓要愛他一輩子吧。

妓女的恩客有各種階級的人士。一般被稱為妓女的人，她們的對象多為農民或工人之類，幾乎都是勞動階級的人。當然也有上流階級的恩客，但賣春給這個階級男性的妓女，一般稱為高級娼婦，會在宅邸內提供男人娛樂，只不過極為少數。

第10話 那名執事……冰上

Q 什麼是墮胎？

A 以人工方式將胎兒排出子宮外的行為。

所謂墮胎，就是以手術或藥品等人工方式，讓胎兒從孕婦的子宮內排出。

當時包括英國等基督教色彩濃厚的國家，都將墮胎視為殺人罪。同時也視不以懷孕為目的的性交為異端，更禁止人們避孕。之所以如此，似乎是因為避孕違反了自然原理，也就是背叛神的行為。

在19世紀的英國，如果想墮胎或人工流產，就會被當成罪犯，判處無期徒刑。因此，紅夫人的墮胎手術是違法的。一旦被發現，紅夫人跟接受墮胎手術的妓女都會因墮胎罪被逮捕。

Q 賽巴斯欽所穿的燕尾服是什麼樣的衣服？

A 是社交場合穿的正式禮服。

穿著燕尾服的紳士

賽巴斯欽被死神克雷爾逼入絕境時，拯救他的是他平日愛穿的燕尾服。燕尾服絞進死神鐮刀的刀刃裡，限制了死神克雷爾的攻擊，能想出這樣的作戰方式，賽巴斯欽的頭腦實在令人佩服。

賽巴斯欽所穿的燕尾服，在19世紀的英國紳士之間非常流行。這在社交場合是最高級的禮服。貴族男士最喜歡以一襲燕尾服搭上白色蝴蝶領結，這種打扮稱為白領結。

雖然燕尾服以黑色為主流，但在19世紀初之前，還是出現不少華麗的樣式。後來黑色成為主流的原因之一，與伴隨產業發展而增設的工廠有關。工廠的煤煙經常讓衣服沾上煤灰，為了掩飾這些煤灰，於是黑色便大受歡迎。此外，燕尾服的燕尾二字，是因為衣襬就像燕子的尾巴而得名。

燕尾服原本是騎馬時穿的衣服。衣襬後方之所以往兩邊分岔，是為了騎乘時方便在馬鞍上活動所做的設計。

那名執事……如何

Q 如花般的容顏這句話是什麼意思？

A 形容五官長得非常美麗，有如花朵一般。

儘管被死神克雷爾的死神鐮刀砍到重傷，賽巴斯欽受傷的樣子還是很有魅力。只是，他本人大概管不了這麼多……不過，無論遭遇什麼危機都能保持冷靜的賽巴斯欽，從他美麗的臉上，實在很難想像他會散發出如此的男子氣概。

所謂如花般的容顏，意思是指長相有如路邊綻放的惹人憐愛的花朵那般美麗。這個詞彙一般是使用在女性身上，死神克雷爾拿來形容自己，確實讓人有點不舒服……

如果真要把如花般的容顏拿來形容男性，或許比較適合用在五官秀麗的謝爾少爺或賽巴斯欽身上吧。

第12話　那名執事……如何

Q 威廉的死神鐮刀高枝剪是用在什麼地方？

A 通常是用於園藝工作。

死神克雷爾被賽巴斯欽毒打了一頓，死神鐮刀也被取走。正當他即將被自己的死神鐮刀收拾掉時，有個人以夜空中的滿月為背景登場，把賽巴斯欽手上的死神鐮刀從克雷爾身上擋開。這位突然現身的人，就是拿著高枝剪式死神鐮刀的死神威廉。

只要使用高枝剪，無論多高的樹枝都能夠輕鬆剪斷。一般而言，高枝剪是使用於園藝工作。因此會用它來當成死神鐮刀，也是頗為特殊的喜好了。

而且看得出來，使用這把死神鐮刀的死神威廉也是個挺古怪的人。說不定他有著不符合外表、關於園藝方面的興趣。

Q 英國的葬禮是怎麼舉行的？

A 只有近親及好友等極少數的人參加。

謝爾少爺的阿姨，也是「開膛手傑克事件」的真兇紅夫人舉行了葬禮。她的一生大起大落，最後謝爾少爺準備了一套鮮紅色的禮服送給她，想必讓她十分高興吧。

在英國，人過世之後就由近親或好友等極少數的人為其舉行葬禮。至於舉辦的日子，有些僅在過世幾天後，都是由其身後的家屬決定。

以英國而言，即使很親的人過世了，也不像東方國家如日本那樣必須守夜，也很少有人會立即趕去探視。至於埋葬死者，像紅夫人或開膛手傑克的受害者那樣的土葬形式是比較普遍的。下葬時由牧師朗讀《聖經》，出席的人則把花朵獻於棺木上。之後，便將逝者長眠的棺木埋到土裡安葬。

不過，實際上英國的埋葬與葬禮順序是反過來的。會先下葬之後，眾人再前往教堂舉行葬禮。

眾人在葬禮上合唱聖歌，由牧師朗讀《聖經》，然後大家分享並回憶亡者生前的小故事。而且會特別在回憶中加入一些趣事，讓大家充滿歡笑。這是因為在英國的信仰中，人死後會前往天國，邁入第二個人生。想來是希望過世的人在死後的世界能夠笑著度過吧。

紅夫人肯定也會穿上謝爾為她準備的鮮紅色禮服，接受出席人士的讚美，登上前往天國的階梯吧。

劉所販賣的鴉片是什麼？

由罌粟花果實精煉製成的毒品。

吸食鴉片時，精神上會被幸福感所掌控。但鴉片成癮性很強，只要停止使用，就會引起失眠、畏寒、痙攣等戒斷症狀。這些戒斷症狀會讓人異常痛苦，因此鴉片成癮的人為了抑制這些症狀，只好繼續吸食鴉片，最後成為一個廢人。

劉給人一種喜歡裝傻的感覺，他的真實身分是走私毒販，從英國走私鴉片再賣到中國。

劉是中國黑幫「青幫」的幹部之一，在中國境內經營好幾個鴉片館。所謂的鴉片館，就是提供鴉片交易並讓人吸食鴉片的地方。也就是說，劉除了買賣鴉片之外，還負責經營吸食鴉片的場所。

第13話 那名執事……食客

劉似乎是個華僑，請問華僑是什麼樣的人？

擁有中國國籍卻移居海外的人。

華僑的「華」指的是中國人，「僑」則是暫居之人的意思。

像劉這樣的中國人移居英國的主要原因，就是鴉片戰爭。鴉片戰爭是中國與英國兩方由於走私鴉片問題而掀起的戰爭。

鴉片戰爭持續了大約兩年，最後由英國取得勝利。在鴉片戰爭之前，中國禁止人民遷居海外。可是因為戰敗，這條法律遭到廢除，人民獲准遠渡重洋。

就如謝爾少爺所說的那樣，劉應該是一位華僑。不過，他同時也是黑社會幫派青幫（請參照53頁）的幹部。因此以他的情況來看，與其說他是移居到英國，倒不如說是偷渡入境比較有可能。

Q 謝爾少爺閱讀的愛倫・坡的〈烏鴉〉是什麼？

A 愛倫・坡是19世紀的作家，〈烏鴉〉是他所創作的一首詩。

艾德嘉・愛倫・坡（Edgar Allan Poe）

一大早醒來，謝爾少爺就拿著槍對準賽巴斯欽。看來他睡前似乎讀了愛倫・坡的〈烏鴉〉（The Raven）。

〈烏鴉〉的主角為了忘卻失去戀人蕾諾兒的痛苦，於是埋首於古老的典籍之中。這時候，他聽見了敲門聲。他打開門，並沒有看見任何人，而窗戶那邊又傳來巨大的聲響。他再去查看窗戶，就見一隻烏鴉飛進屋裡，降落在一尊銅像上。

主角對烏鴉提出了各種問題。然而，對於主角這麼多的問題，烏鴉只是回答「絕對不會」（Nevermore），便不再多說什麼。

最後，主角想起了戀人蕾諾兒，於是詢問烏鴉他能否與她在天國重逢。然而，烏鴉還是回答他「絕對不會」。

主角在想忘記戀人蕾諾兒與不想忘記她的心情之間痛苦掙扎，因為烏鴉對主角提出的所有問題只是不斷地回答「絕對不會」，加重了他失去戀人的惆悵之情，最後被哀傷壓垮而發狂。

第14話

那名執事……異能

Q 聖誕薔薇是什麼樣的花？

A 是在聖誕時節綻放的可愛白色花朵。

米多福特侯爵夫人造訪宅邸時，命令賽巴斯欽帶他參觀屋內。重瓣*指的是花瓣重疊綻放的狀態。也就是說，賽巴斯欽將聖誕薔薇的綻放狀態比喻成宴會禮服上的突出裝飾，想讓侯爵夫人欣賞。

重瓣開花的聖誕薔薇

*賽巴斯欽提到「重瓣」（八重咲き）時，特別標音為「party dress」。

第14話

那名執事……異能

Q 青駒*是指什麼樣的馬？

A 毛色中帶點藍色的黑馬。

米多福特侯爵夫人與伊莉莎白小姐來到了凡多姆海伍家。夫人似乎並不滿意謝爾少爺與賽巴斯欽的髮型，把兩人的頭髮梳得光滑油亮。

侯爵夫人欣賞了一匹被照顧得很好、媲美青駒的馬。接著提議和謝爾少爺比賽打獵。如此英勇果敢的夫人，不愧是以劍術打敗騎士團長米多福特侯爵，並讓他為之戀慕的人物。

這樣的米多福特侯爵夫人，將謝爾少爺視為未來女婿，並對他寄予厚望，時而溫柔，時而嚴厲，不過，若是謝爾少爺跟伊莉莎白小姐結婚之後，她肯定是個很囉唆的丈母娘。

*繁體中譯漫畫版譯為「漂亮藍黑毛色的馬」。

漫畫單行本所沒有的！
主標、標語解說集 vol.3

第 10 話　那名執事……回憶
刊載於 2007 年 7 月號

主標 復甦的淡淡回憶……
標語 其背後是強大的……
尾標 陷入火海的凡多姆海伍家……請期待下回 !!
解說 紅夫人被克雷爾的死神鐮刀貫穿胸膛。她人生的走馬燈，是與心儀之人的回憶。從幸福中跌落谷底，過了波瀾起伏的一生。

第 11 話　那名執事……追憶
刊載於 2007 年 8 月號

主標 夫人的走馬燈述說了真相……
標語 玩弄、諷刺、玉石俱焚的愛
尾標 下一回，賽巴斯欽的走馬燈再度播放 !!
解說 為什麼曾經那麼甜美可人的安，最後會變成紅夫人和開膛手傑克呢？真相逐漸明朗……這是讓人深思生命重量的一回。

第 12 話　那名執事……反攻
刊載於 2007 年 9 月號

主標 死神鐮刀帶出賽巴斯欽的過去 !!
標語 等你等得太久，連眼底深處都濕了
尾標 少年又失去了一個親人。儘管如此，悲傷的夜晚就要來臨……
解說 賽巴斯欽究竟有什麼樣的過去 ?! 儘管有不少人懷抱著期待，不過他顯示出的走馬燈卻是當上執事後的日常生活。他成為執事之前的過去，實在讓人好奇。

第 13 話　那名執事……送葬
刊載於 2007 年 10 月號

主標 迴盪的鐘聲……
標語 給哀傷的人親吻。向心愛的人道別
尾標 儘管不斷地失去所有，少年仍不迷惘……
解說 紅夫人的葬禮進行時，謝爾少爺帶著鮮紅色的禮服現身。克服了阿姨的死，身為凡多姆海伍家的主人，心意更加堅決。

第 14 話　那名執事……狩獵
刊載於 2007 年 11 月號

主標 紅夫人死後數月……
標語 無
尾標 有災難從異國到來 ?! 下一回由書中彩頁進入新篇章 !!
解說 開膛手傑克事件平息之後，謝爾少爺得到法蘭西絲姑姑給他的十三歲生日祝福。索馬王子與阿格尼初次登場的一回。

Vol. 4

來自印度的年輕王子
與他的隨從

Outline
故 事 大 要

倫敦發生了多起案件。
為了進行調查，謝爾與賽巴斯欽來到了街上。

途中，他們遇見了身為印度王族的少年索馬，
以及他的隨從阿格尼。

容易與人混熟的王子，
和能力與賽巴斯欽不相上下的阿格尼，
從他們身上似乎可以嗅得到事件的氣息。

某個晚上，阿格尼獨自離開宅邸，
而這都被賽巴斯欽看在眼底。

阿格尼要前往什麼地方？
他去那裡又是要做什麼呢？

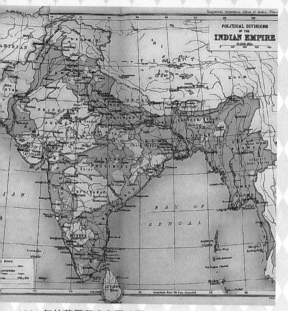

19世紀時英國與印度的關係如何？

當時女王陛下是印度帝國的女皇，印度是英國的一部分。

1901 年的英屬印度帝國地圖

19世紀的印度，全名為英屬印度帝國，是英國的殖民地。

1857年，印度爆發大規模動亂，試圖做最後抵抗。英國在這次的抗爭中獲得勝利，擊敗了形式上統治印度的蒙兀兒帝國，並將皇帝當成叛變的主謀流放至國外。

之後，印度皇帝之位就由維多利亞女王兼任。印度帝國內，除了英國直轄的領地之外，還有大約五百五十個像索馬殿下的父王所治理的藩國那樣的土邦。

印度帝國是英國殖民地中不可或缺的一條生命線。

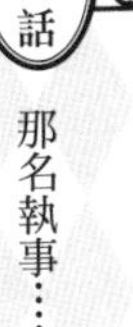

Q 劉所屬的中國祕密幫派「青幫」是什麼？

A 現在仍影響著中國地下社會，嚴格遵循幫規的組織。

青幫是藉由私售鴉片、賭博、賣春等來掌控中國黑社會的一個祕密幫派。

所謂的幫規，就是不得對外透露青幫的組織成員，也嚴禁留下紀錄。只要違反幫規，就等於背叛青幫的「大義」，必須接受死亡制裁。

此外，想要加入青幫，表面上也必須擁有一份正當的職業。劉先生會成為貿易商，也是遵照幫派的幫規。

曾為青幫根據地的上海

第15話 那名執事……競爭

Q 印度暴發戶是什麼？

A 靠東印度公司發大財的商人。

根據文獻記載，印度暴發戶（nabob）是從1612年開始存在，指的是靠私人貿易或從印度人身上以徵收稅金的名義詐取私財，藉此累積財富的東印度公司商人。

相較於紳士教養，他們投注更多心力在累積財富方面，或許正因為如此，才會被輕蔑地視為暴發戶吧。不過，他們也帶來了包括鑽石等物品，為英國的富強做了不少貢獻。

印度暴發戶湯瑪斯·彼特（Thomas Pitt）

那名執事……競爭

英國人分成哪些階級呢？

區分為上流階級、中產階級、下層階級三種。

上流階級就像謝爾少爺那樣，各有其相應的爵位。爵位由上而下分成公爵、侯爵、伯爵、子爵、男爵五個等級。上流階級的人士不需要工作就能獲得收入，因此日常生活就是打獵、遊走歐洲各國，甚至遠渡重洋到美國去旅行。

經營工廠的資本家、銀行家、貿易相關人士等，都屬於中產階級。此外，律師、醫生、教會相關人員、將校級的軍人等專業人士，也都算是中產階級的人。

下層階級也被稱為勞工階級，也就是靠身體勞動賺取金錢的人。另外在下層階級中，也有被稱為貧民且在路邊討生活的人。

第15話

那名執事……競爭

英國的冬天從幾月開始？

大約在十二月接近聖誕節的時候就會開始變冷了。

解決了開膛手傑克事件之時，英國就真正地進入了冬天。凡多姆海伍家也降下瑞雪，三位僕人還堆了雪人、做雪球，像小孩子一樣在雪地裡玩耍。

英國的冬天從十二月一直持續到二月。像倫敦等位於英國南部的都市，冬天並不會太過嚴寒。不過謝爾少爺還是穿上前胸綁著大蝴蝶結的大衣，確實地做好保暖措施。由此可見，到戶外走動還是必須穿戴圍巾或大衣等保暖用品。

英國的冬天天候極差，天空總是飄著灰色的雲，下雨或降雪更是家常便飯。這也是「灰色的季節」這個稱呼的由來。

Q 卡莉女神與濕婆神是什麼樣的神明？

A 在印度神話中登場，代表戰爭與破壞的神明。

卡莉女神的外貌被描繪成黑皮膚、擁有三隻眼睛、四條手臂，脖子上掛著人頭項鍊，腰上則掛著砍下來的手腳，是喜好血腥與殺戮的戰爭女神。濕婆神則有著藍黑色皮膚，雙眼之間長有第三隻眼，是專司破壞的神明。這兩位神明是夫妻關係，在印度同樣都是人氣極高的神明。

那為什麼卡莉女神要站在濕婆神身上瘋狂跳舞呢？其理由就在印度神話裡。卡莉女神跟某個惡魔作戰，並獲得勝利。當時卡莉女神過於高興，不斷地跳著激烈的舞蹈。她的舞蹈導致大地裂開，為了阻止她，她的丈夫濕婆神趕緊橫躺在她腳邊，避免大地被她踩碎。

看看被卡莉女神踩在腳下的濕婆神，不由得深覺女性果然比男性強悍。謝爾少爺與伊莉莎白小姐結婚之後，是不是也會像這樣被她吃得死死的呢？

Q 歡喜天是什麼樣的神明？

A 是濕婆的兒子，被視為帶給人們財富的商業之神而供奉信仰。

儘管欠缺繪畫天分的索馬殿下讓人不禁苦笑，不過天真無邪的索馬殿下與阿格尼還是常令人莞爾。

歡喜天擁有大象的頭與四隻手。一邊的象牙已經斷掉，那是因為他用象牙擋住了父親濕婆神所扔的斧頭。

也有人說他是被裝在籠子裡運送的過程中摔下來，導致象牙折斷，眾說紛紜。

頭部是大象，身體是人類

第16話 那名執事……孤城

Q 索馬殿下所學的古武術是什麼？

A 是印度南部自古流傳下來的武術。

印度古武術要在身上塗油，用空手使出打擊與關節技。此外，踢擊技有十九種，有時也會使用劍或盾牌等武器。因此在格鬥技中算是一種多元且內容豐富的武術。

印度古武術也被稱為動態瑜伽，戰鬥時會採取獅子、蛇，甚至是鳥類的姿勢。

印度古武術比賽時的情況

索馬與阿格尼所演奏的樂器是什麼？

是印度民族樂器——「西塔琴」與「塔布拉鼓」。

當謝爾少爺在練習小提琴的時候，索馬殿下與阿格尼出現在他身後，彈奏著陌生的樂器。他們所使用的樂器就是印度傳統的民族樂器。

首先，索馬殿下所彈奏的那種會發出「ben ben」聲的樂器稱為「西塔琴」。西塔琴是種以冬瓜製作琴體的弦樂器。上面多達十九根弦，藉由這些琴弦的共鳴，彈奏出夢幻的音色。

另一方面，阿格尼敲擊得咚咚作響的樂器，就稱為「塔布拉鼓」，是演奏西塔琴時不可或缺的打擊樂器。製作塔布拉鼓的材料從樹幹到金屬都有，會分別依照不同的演奏曲目來使用。

印度人為什麼不吃豬肉與牛肉呢？

印度教不能吃牛肉，伊斯蘭教則不能吃豬肉。

多數的印度人信奉印度教，他們是不能吃牛肉的。牛在印度教裡是濕婆神的坐騎。換句話說，牛被尊奉為一種神聖的生物。

此外，印度也有不少人信奉伊斯蘭教。在伊斯蘭教裡，豬是一種不潔的存在，因此禁止教徒食用豬肉。像這種出於宗教上的理由而形成的飲食習慣，不只有在印度，而是全世界共通的，無論身處何處都要嚴格遵守。

因此，索馬殿下與阿格尼即使來到遙遠的英國，也必須遵守印度教的教規，不可以吃牛肉。也就是說，賽巴斯欽考量到宗教上的理由，於是選擇了雞肉當作晚餐。

Q 印度的種姓制度是什麼？

A 是印度自古以來制訂的嚴格身分階級制度。

首先，在種姓制度中，有著阿格尼過去所屬的「祭司」（婆羅門）這個階級。由於「祭司」是執掌神聖儀式的神職人員，便立於種姓制度的頂端。接著是以王公貴族為主，能夠掌握武力及政治權力的「剎帝利」。以製造業為主的平民階級就是「吠舍」。從事農業、手工業等勞動工作的則是「首陀羅」。此外，「首陀羅」之下還有稱為「旃荼羅」的賤民存在，被排除於種姓階級之外。

種姓（Caste）在葡萄牙語中是指「血統」之意，也有著純粹、不可混雜的意思在內。

種姓階級是一出生就已經決定，只要生來是某個身分，這輩子就不能從事種姓階級所規定職業之外的其他工作，也只能和相同階級的人結婚。

因此，就阿格尼的情況來看，被索馬殿下這樣的王族所拯救，然後再回歸最上層的種姓階級，實際上是不可能存在的。

婆羅門：祭司
剎帝利：王族、武士
吠舍：平民（一般人民）
首陀羅：奴隸

種姓制度金字塔。頂點就是阿格尼父親的身分。

Q 索馬與阿格尼的國家班卡爾藩國位於現在的哪裡？

A 在孟加拉及部分的印度地區。

索馬殿下及阿格尼出身的班卡爾藩國，位於印度神聖的恆河下游地區。現今雖然因為宗教上的對立，而分成孟加拉與印度兩個國家的領地，但這個擁有悠久歷史的古老區域，居民仍以班卡爾人佔多數，是個以班卡爾語溝通的地區。

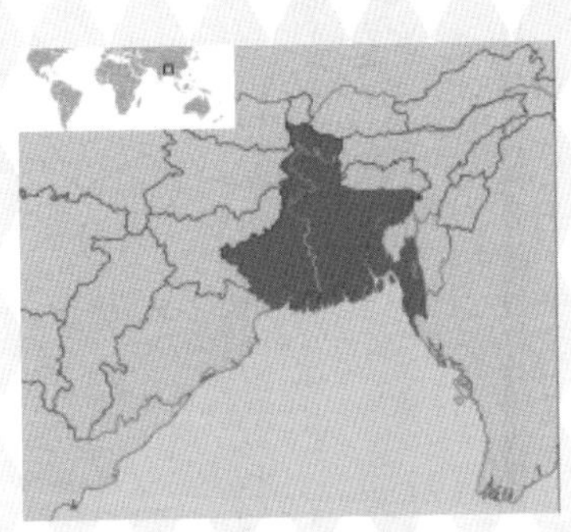

班卡爾地區的地圖

第17話 那名執事……奉納

Q 瑞瑪克里斯納是誰？

A 19世紀的印度聖人。

在英國的殖民統治之下，是瑞瑪克里斯納（Ramakrishna）幫助陷入貧困痛苦的人們得回身為印度人的驕傲，並且給予他們希望。

也就是說，出現在對世界感到絕望的阿格尼面前的索馬殿下，對於阿格尼而言就有如印度的希望，是像瑞瑪克里斯納那般重要的存在。

瑞瑪克里斯納

Q 精神集中具體來說是什麼樣的狀態？

A 幾乎沒有任何思想與感情，是高度聚精會神的狀態。

狂戰士

阿格尼視索馬殿下為他的信仰，隨著他的信仰所進入的忘我狀態，在瑜伽用語中稱之為精神集中（Samadhi，亦即三摩地）。

這樣的狀況也出現在十字軍東征中，當時是以「殺死異教徒可獲得赦罪，並前往天國；被殺則視為殉教徒，進入聖人之列」這種說法來利用軍隊，並對聖騎士加以歌頌。

維京人則是讓在船隊最前線的人吃下會產生幻覺的香菇，強制地讓他們以狂戰士的身分登上陸地，藉此讓不怕死的戰士完成任務。

在日文中，有將精神集中寫成「三昧」這樣的漢字，而且還有「贅沢三昧*」這樣的成語。在這種情況下，「三昧」的含義就絲毫不帶血腥味了。

皮卡迪里圓環是什麼？

倫敦的交通要點。

關於皮卡迪里圓環（Piccadilly Circus）的名稱由來，相傳源自於17世紀的服飾店老闆羅傑·貝克（Roger Baker），他製作了引領流行的荷葉立領「piccadills」，而他所擁有的建築物就在此處；至於「Circus」則是指圓形廣場的意思。

圓環中心有一尊拿著弓箭的愛神安忒洛斯雕像，其姿態看起來就像乘著沙夫茨伯里伯爵紀念噴水池所噴上來的水柱一般，至今仍是非常受歡迎的約會地點。

19 世紀的皮卡迪里圓環

第18話 那名執事……轉送

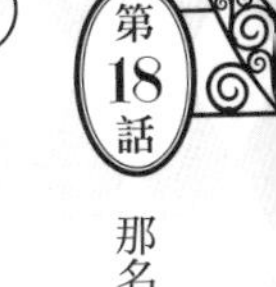

哈洛德家裡有哪些物品？

英國王室御用品牌的西裝。

西裝品牌「奇維斯＆霍克斯」的正式名稱是「Gieves & Hawkes」，是英國王室御用的老字號品牌。

哈洛德購買收納櫃的「大眾商行」，全名是「The General Trading Company」，是家具及家居飾品的專賣店。這也是王室御用品牌。

至於「彩色檯燈」，則是由知名的陶器設計師艾米里·加利（Emile Gallé）所製作的燈具。

除了設計西裝，也生產軍服

第18話

那名執事……轉送

Q 哈瓦那雪茄是什麼？

A 最高級的菸捲。

採集古巴產的哈瓦那葉所製成的極品，就是哈瓦那雪茄。

在19世紀的英國，只有時間充裕的紳士有辦法抽幾口菸捲。

至於購買哈瓦那雪茄的商店，哈洛德說是「詹姆士・福克斯」，但實際上位於倫敦的商店，是一家名為「詹姆士・J・福克斯」的王室御用品牌店。

保管菸捲的盒子及雪茄刀

第19話

那名執事……入獄

Q 真的有舉辦決定英國王室御用品牌的品評會嗎？

A 沒有，實際上並沒有舉辦。

為了選出英國王室御用品牌，因此要舉辦品評會，但這並非實際的情況。

不過有個名為印度帝國博覽會的活動，曾於1895～1896年在倫敦的伯爵府區舉辦過。

當時忠實地重現了印度城市的景象，許多印度咖哩的店家也都有參展。說不定當時真的曾在那裡舉辦過咖哩品評會喔。

英國的蔬菜品評會

Q 英國王室御用品牌是什麼？

A 是英國的最高榮譽。

現今能夠賜封英國王室御用品牌的王室成員，只有伊莉莎白女王二世、愛丁堡公爵菲利普親王，以及查爾斯王子三位。這三位所賜予的徽章各不相同，在八千間知名企業中，只有七間同時擁有三個徽章。

想要獲得御用品牌的稱號，必須連續五年免費提供商品給王室，並經過王室御用品牌委員會的品質認證。其中也有例外的情形，只要該品牌獲得某王室成員的特別青睞，也會賜封稱號給該品牌。

不過，如果品牌的品質變差，或是洩漏王室資訊，就會被剝奪稱號。

然而，這情形在19世紀的維多利亞女王時代有極大的轉變，當時發出高達兩千個認證，讓英國王室御用品牌之名在民間廣為流傳。

伊莉莎白女王的徽章

漫畫單行本所沒有的！
主標、標語解說集 vol.4

第 15 話　那名執事……借住
刊載於 2007 年 12 月號

主標 進入新篇章 !!
標語 即使噩夢纏身，仍要向前邁進
尾標 兩個少爺＆兩個執事，下回待續 !!
解說 進入了另一個新篇章 !! 還不知世間險惡的任性王子，以及像老媽子般的阿格尼，把謝爾與賽巴斯欽搞得暈頭轉向，就從這一回開始！

第 16 話　那名執事……異鄉
刊載於 2008 年 1 月號

主標 凡多姆海伍家的不速之客——謎樣印度雙人組 !!
標語 放棄為人　墮落深淵　令人沉溺的愉悅樂園
尾標 下一回，執事ＶＳ執事，激烈戰鬥 !!
解說 謝爾少爺從頭到尾都被印度二人組的步調牽著走，連吐槽都來不及。英國貴族的一天就這樣大剌剌地被加進了印度文化。這場執事ＶＳ執事的競爭也很狡猾呢。

第 17 話　那名執事……對抗
刊載於 2008 年 2 月號

主標 執事對執事 !!
標語 力量的差距顯示了忠誠的強度……對您的忠誠——
尾標 大家要懂得看人臉色喔
解說 與賽巴斯欽較勁時不相上下的阿格尼。信仰的力量真的很強大呢。謝爾少爺體貼地想邀索馬王子下棋，卻遭不懂看人臉色的索馬王子斷然拒絕。應該可以揍王子一頓吧？

第 18 話　那名執事……尾隨
刊載於 2008 年 3 月號

主標 雖然迎來了一如既往的早晨……
標語 女孩變強的一天
尾標 下一回，彩色扉頁登場 !!
解說 以情人節形式登場的封面圖。伊莉莎白小姐與謝爾少爺真是讓人會心一笑呢。故事也開始進入重點，超級虐待狂賽巴斯欽讓人產生心理陰影。因為是戴著鹿頭的惡魔……

第 19 話　那名執事……異能
刊載於 2008 年 4 月號

主標 ＧＦ十五週年的扉頁當然一定要彩頁——
標語 誠心祝賀開花結果的第十五週年
尾標 雖然很突然，不過下一回——咖哩對決 ?!
解說 謝爾少爺的心理陰影……索馬殿下也被賽巴斯欽害得有心理陰影了。接著，沒想到居然要進行咖哩對決。這樣的劇情走向有人預料到了嗎 ?!

Vol.5

咖哩對決——
擊敗神之右手的食譜是？

Outline
故 事 大 要

為了主人索馬，
阿格尼捨棄了自尊，參加咖哩對決比賽。
他被稱為「神之右手」，
比任何人都能夠完美地調配香辛料。

儘管面對這樣的對手，
謝爾仍舊命令賽巴斯欽必須勝過阿格尼。

然而，做出來的口味卻一直無法得到真正印度人索馬的認同，
讓賽巴斯欽的咖哩料理陷入苦戰。

就在這時，謝爾所說的一句話，
成為他做出最棒咖哩的靈感。

到底賽巴斯欽能不能……
戰勝「神之右手」呢？

那名執事……鑽研

Q 真正的印度香料文化很厲害嗎？

A 印度的香料文化擁有五千年的歷史，是印度料理中必不可少的。

各式各樣的印度香料

在印度，每天早上都要用石板與研杵研磨香料，在確認當天的天氣及用餐者的身體狀況後，來改變放在餐點中的香料調配。

「阿育吠陀」是印度從五千年前傳承下來的醫學，其中包括能夠有效預防疾病的七百種香料，也分成「甜、酸、鹹、辣、苦、澀」等味道。

為了不損及香料的香氣而採取過油的烹調方式，是印度料理中很重要的一個步驟。

順道補充一下，在印度料理中不可或缺的香辛料之一——辣椒，是在15世紀傳入印度，算是比較新的一種香料。

Q 咖哩中可提味的食材有哪些？

A 有非常多種。

賽巴斯欽使用巧克力來幫咖哩提味，除此之外，也可以放入咖啡、蘋果、醬油。

這些提味的食材都是英國為了重現印度料理而想出來的食譜。

使用蘋果代替無法取得的芒果，結果演變到現在，蘋果穩居提味食材的寶座。

咖哩提味的必備食材——蘋果

第20話 那名執事……鑽研

Q 咖哩粉是什麼？

A 能簡單做出咖哩的調味料。

18世紀後期，為了節省料理的工夫，CROSSE & BLACKWELL公司用印度料理中的調味料馬薩拉（Masala）為基底，開發出咖哩粉這項產品。

隨著咖哩粉問世，咖哩成了英國飲食的一部分。報章雜誌上還會刊載主婦們獨創的食譜，咖哩在英國可以說擁有自己的演進。

至於主婦們努力的成果，看索馬殿下的反應，大概也不難想像了。

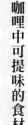

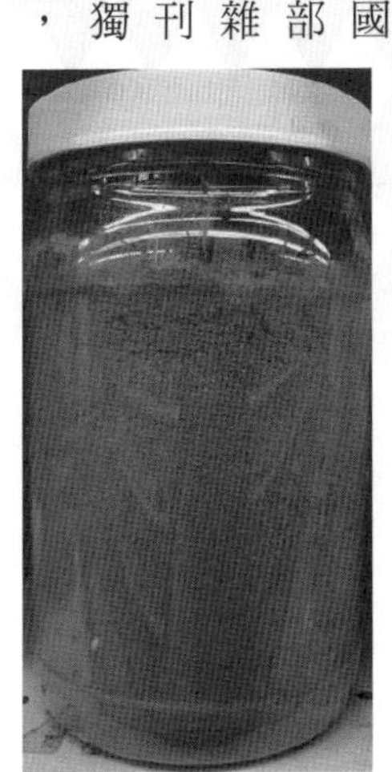

咖哩粉

第21話 那名執事……競爭

Q 水晶宮在哪裡？

A 遭火災焚毀，現在只剩下遺址。

水晶宮（The Crystal Palace）是在1851年利用短短十個月的時間所蓋的建築，目的是為了作為第一屆萬國博覽會的會場。

它使用了當時被視為最新技術的鋼筋，加上三十萬片的玻璃，將內部分別塗裝成紅、藍、白、黃色，外牆則是白色及灰色，邊緣以藍色來裝飾。雖然曾被拆解，後來又重新蓋起，直到1936年被大火燒毀之前，都是英國著名的景點。

當年的水晶宮

第21話 那名執事……競爭

Q 可否說說藍色貴婦人的相關資訊？

A 不會在市場上流通的高級龍蝦。

藍色貴婦人（homard bleu）是只有在法國布列塔尼地區才捕捉得到的龍蝦。

肉質結實，味道相當濃郁，煮熟後蝦膏會變成藍珊瑚色，可以品嘗到最棒的美味。

是法國傲視全世界的頂級食材之一。

Q 拼盤是什麼？

A 是印度料理中的套餐形式。

拼盤（Thali）有著「盤子」及「套餐」的意思，跟日本的「蓋飯」概念相近。

在銀製的大盤子中放入裝有各種咖哩、醃菜、甜點等的小碟子，依照喜好搭配烤餅或米飯一起吃。

用手直接享用是印度料理中的精髓，以手抓取食物用餐才是正確的禮儀喔。

Q 咖哩麵包是英國的食物嗎？

A 是正統的日本食物喔。

咖哩麵包並不是賽巴斯欽所發明，而是誕生於日本大正時期的餐點。

東京都內的「名花堂」、「DENMARK」、「新宿中村屋」都各自表示是由自家所創。

目前並不清楚誰才是真正的發明者，所以也不能完全否定是賽巴斯欽發明的可能性。

那名執事……優勝

Q 藍貓所執的武器名稱為何？

A 雙錘。

因為是雙手各自拿著名之為「錘」的武器，所以稱為雙錘。

原本是在儀式上使用，後來逐漸運用在戰場上。基本上，就是揮舞它們以重擊敵人。

在中國武術中，存在著使用雙錘的流派，既然藍貓是女性，那麼來自於少林門下，使用少林雙錘的可能性很高。

那名執事……優勝

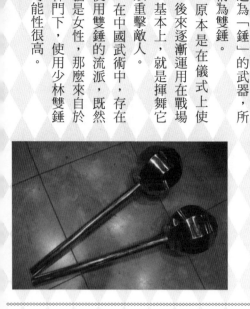

Q 懷特島的宮殿是指什麼？

A 是維多利亞女王最喜愛的宮殿。

位於懷特島上的宮殿，指的就是「奧斯本莊園」（Osborne House）。設計奧斯本莊園的人，就是維多利亞女王最愛的丈夫亞伯特親王。

對於女王而言，充滿著與亞伯特親王及孩子們之間快樂回憶的地方，正是奧斯本莊園吧。

1901年，女王就是在這座奧斯本莊園迎向漫長人生的最終時刻。

Q 19世紀的英國有電視嗎？

A 很可惜並沒有。

雖然那個時代並沒有電視，但19世紀的英國已經開始研發電視機了。同一時期，也發明了傳真機的原型。

不過，在《黑執事》的世界裡卻已經有受歡迎的電視節目，真讓人覺得不可思議。

另外再補充一點，1925年，英國人約翰・羅傑・貝爾德（John Logie Baird）成功地完成了全世界第一次的電視播放。

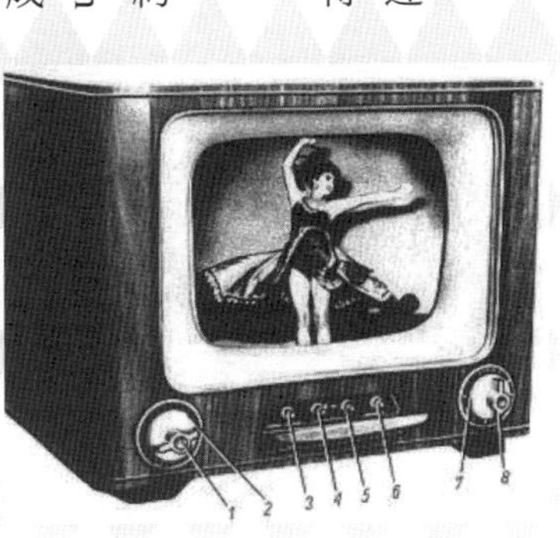

第23話 那名執事……焦躁

Q 前拉斐爾派是什麼？

A 19世紀西洋美術中的一大流派。

前拉斐爾派是一群年輕人為了反抗英國美術界大老所組成的團體。謝爾少爺宅邸裡的「奧菲莉亞」（Ophelia）是米雷（John Everett Millais）的畫作，是一幅充滿理想美與神祕性的作品。阿巴萊警官所說的「渥特豪斯」（John William Waterhouse）是前拉斐爾派畫家的名字。從畫作為渥特豪斯所繪，以及畫上的構圖是躺臥的女性來看，可以推測牆上那幅應該就是名為「聖歐拉里爾」（Saint Eulalia）的畫作。

咖哩與香辛料

印度與香辛料

地處熱帶的印度飲食文化，或許是為了調整身體狀況，所以盛行使用大量以中藥材為原料的香辛料食物。

印度料理是以「選擇香辛料、搭配、研磨」為基礎，雖然很基本，但想要做得熟練，對於其他文化圈的人來說並不是一件容易的事。

為什麼歐洲貴族會想要胡椒呢？

對歐洲的貴族而言，特別是胡椒這款香辛料，是非常貴重的材料。

在冰箱普及之前，要保存肉品非常困難，而胡椒具有防腐效果，又能消除帶傷的肉質臭味，也難怪貴族們會捧著大把鈔票想要得到它。

甚至還演變到「要以同等重量的金子換取胡椒」的狀況。在那個時代，會藉由進口歐洲無法栽種的胡椒來獲得龐大財富，並搭船出海尋找前往印度的航路。

咖哩是什麼？

在印度語言之一的坦米爾語中，只要是淋在飯上的複合香辛料所做的湯汁，全都稱為「咖哩」（kari）。據說英國人誤以為那是「名為 curry 的料理」，並用這個名稱將它引進英國。

傳入英國的咖哩

正如漫畫中所說，香辛料若沒有「研磨」的話，香味就不會出來，這也是其缺點。英國的料理文化中並沒有「複合香辛料」，因此，就算是印度人無法苟同的「速成調味料」，也足以對英國人產生充分的刺激了。

後來，英國在料理上使用了以奶油及小麥粉所做的咖哩塊，以及燉煮後的「咖哩湯」，並應用在以印度教為中心的印度人絕對不會吃的牛肉料理的調味上。

咖哩是在什麼時候成為日本料理？

咖哩傳入日本後，在大正時代成為加入馬鈴薯、紅蘿蔔一起燉煮成像濃湯的料理，在平民之間逐漸普及。

日本的咖哩並非由印度直接傳來，而是透過英國引進，然後又自行發展出南洋咖哩和咖哩麵包等料理。

漫畫單行本所沒有的！
主標、標語解說集 vol.5

第 20 話　那名執事……鑽研

刊載於 2008 年 5 月號

主標 把大廚晾在一邊，執事獨自在廚房……
標語 用這隻手，華麗地挑戰神之咖哩
尾標 下一回，終於要正式地展開咖哩對決 !!
解說 面對完美的執事賽巴斯欽，索馬殿下第一次勇敢地指出缺點！賽巴斯欽華麗地製作了咖哩，王子卻說好難吃，是因為還在記仇嗎？祕方出現在意外之處。

第 21 話　那名執事……競爭

刊載於 2008 年 6 月號

主標 黑執事ＶＳ黃執事，終於展開激戰 !!
標語 其實是非常美好的彼此競爭——
尾標 響徹水晶宮的清澈聲音及瀰漫的咖哩香氣……美味極了！
解說 多爾伊特子爵再度登場。那隻鹿也是。《黑執事》徹底成為料理漫畫。沒想到祕密武器竟然是咖哩麵包，看起來非常好吃呢。還有初次登場的女王陛下也令人充滿期待。

第 22 話　那名執事……優勝

刊載於 2008 年 7 月號

主標 賽巴斯欽在咖哩對決中勝過阿格尼
標語 這世間的一切都是幻覺，只有你才是真實的存在
尾標 下一回，進入新篇章 !!
解說 我們確實感受到阿格尼對索馬殿下的深情呢。伴隨著痛苦的經驗才能令人牢記在心，確實是金句名言。劉先生跟藍貓確實地把事情收尾，能清爽地邁入新章節了！

第 23 話　那名執事……焦躁

刊載於 2008 年 8 月號

主標 好久沒有這麼平靜地迎接清晨……
標語 這座宅邸就由僕人們來守護★
尾標 下一回，彩色內頁 !!
解說 僕人們還是一如既往。尤其是田中先生，非常沉著。被索馬殿下及阿格尼鬧得團團轉的賽巴斯欽，難得地顯得焦躁。久違的搞笑篇讓人鬆了一口氣。

Vol. 6

消失的孩子們
與神祕馬戲團的祕密

Outline
故 事 大 要

謝爾聽說英國各地都傳來兒童失蹤的消息。
女王陛下達命令，
要他解開這個謎團。
於是謝爾與賽巴斯欽便潛入某個馬戲團。

他們在那裡認識了一群令人愉快的表演夥伴，
每天都朝夕相處。

可不知為何，死神威廉也潛入了馬戲團，
連任務之外的事也攪和成一團。

就在這時，謝爾找到了——
兒童綁架事件的關鍵所在。

那裡居然莫名地出現一封信件，
上面寫著謝爾的名字……

Q 能否詳細地說明關於馬戲團的知識？

A 表演特技的團體。

俄羅斯的馬戲團場地

提到馬戲團，想必有許多人馬上就會想到像諾亞方舟馬戲團那樣，是個到處表演特技的團體。不過將「馬戲團」（circus）這個詞彙做如此解讀，是19世紀初才開始的。

像**JOKER**那樣扮演小丑，演出滑稽橋段引人發笑，或是空中飛人表演，還有在帳篷內走鋼索等等，實際上都是19世紀才登場的表演項目。在那之前，主要還是騎在馬上的特技表演。

在諾亞方舟馬戲團裡，彼德與溫蒂所進行的雙人空中飛人，是1950年之後才開始的，在當時而言算是全新的表演項目。所以**JOKER**所說的「為世紀大秀揭開序幕」，確實不是謊言。

Q 請問哈梅爾的吹笛人是什麼？

A 收錄於格林童話中的故事。

哈梅爾的吹笛人

哈梅爾的吹笛人，是以1284年德國小鎮「哈梅爾」（Hameln）發生過的神祕兒童集體失蹤案件為參考的一則故事。

那一年，一名吹著笛子的男子出現在哈梅爾。就在6月26日聖約翰與聖保羅紀念日當天，他帶走了一百三十名小孩，消失在山丘附近的處刑場一帶，現在當地的教會還保留著這樣的紀錄。

此外，據說吹笛男子是來哈梅爾驅除老鼠的，但這個說法後來被懷疑是穿鑿附會。

現在的哈梅爾有條街道便取名為邦格洛森（意指不演奏音樂的街道），在該處禁止演奏音樂及歌舞。這是為了不讓小孩子再度失蹤而流傳下來的習俗。

那名執事……上台

JOKER的京都方言說得標準嗎？

用法上沒有什麼錯誤。

京都方言總給人一種既優雅又柔和的印象。因為身為小丑，又負責管理整個馬戲團，所以JOKER才會使用京都方言嗎？

話雖如此，但《黑執事》是以外國為背景舞台。基本上使用日本方言就讓人有點想吐槽……

另外補充一點，動畫版「黑執事」中JOKER的京都方言，是配音員宮野真守先生以獨特的腔調去配的。他本人說這是「真守腔」。

那名執事……上台

諾亞方舟是什麼？

《舊約聖經》上記載的故事。

這段故事記載神為了消滅墮落的人類，打算降下大洪水。不過神對沒有失去信仰的諾亞下了指示，要他打造長一三三・五公尺、寬二二・二公尺、高一三・三公尺的方舟，讓家人跟各種動物成雙地搭乘。於是墮落的人們被大洪水淹沒滅絕，只剩下諾亞一族獲救。

世界各地都留有這種大洪水的傳說，因此認為這個傳說是真實的冒險家們，如今仍到處尋找著方舟的殘骸。

諾亞方舟

Q 19世紀有義肢嗎？

A 西元前就有了。

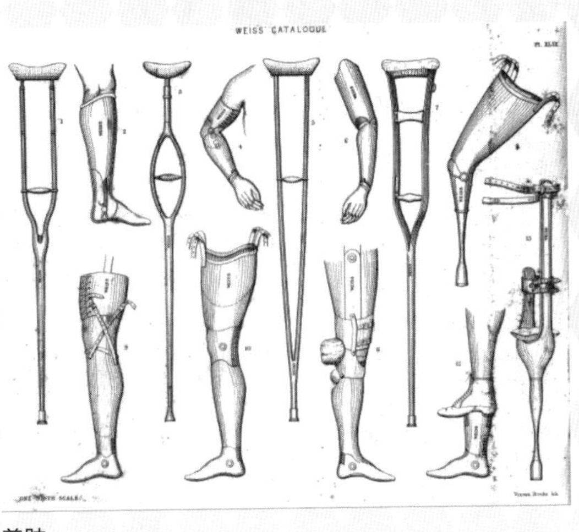

義肢

據說世界上最古老的義肢是女性的腳趾，是使用於西元前950年左右的古埃及。

在中世紀的歐洲，似乎也有以義手拿著劍上戰場的騎士。

義肢在戰爭發生時就會進化，近年來甚至還有藉由接收腦部發出的微弱電波訊息來活動的義肢。

諾亞方舟馬戲團所使用的義肢，是用特別材質的陶製，不過當時主要使用的材料是動物皮革、木材及鐵。

此外，雖然需要不時做調整，不過看起來JOKER、DAGGER、BEAST的活動跟一般人沒什麼兩樣，姑且不論「醫生」的思想，我們由此可以得知他的技術其實是相當高明的。

那名執事……治療

Q 跑腿小廝（pageboy）是做什麼的？

A 就是處理主人身邊雜事的人。

在中世紀，將騎士當作主人服侍的少年見習騎士，就稱為page，不過在19世紀的英國，則是指家事僕人中的少年勞動者。他們通常會住在地下室的小房間裡，領取低廉的工資，負責主人身邊的雜役。

以勞動條件來看，凡多姆海伍家的僕人們的待遇應該非常高吧。

此外，在婚禮上負責捧婚紗的少年，也稱為跑腿小廝。

跑腿小廝

那名執事……同事

Q 像SNAKE那樣的弄蛇人很常見嗎？

A SNAKE算是很特別的。

弄蛇人看似可以透過笛音自由地操控帶有劇毒的蛇，不過，實際上他們是敲打裝蛇的籠子，並用笛子挑釁蛇，看起來就像是蛇對笛子有反應。

把印度當作殖民地的英國，十分流行觀賞弄蛇人表演，不過蛇通常很快就會死掉，所以走私蛇類之事層出不窮。

弄蛇人

Q 能否講解賽巴斯欽示範的所有項目？

A 空中飛人等等。

發明空中飛人表演的里歐塔

賽巴斯欽最先表演的空中飛人，原本是單人的表演，必須具備準確的目測能力、節奏感和時間感，而且要夠大膽。發明空中飛人的是法國一位名叫里歐塔（Jules Léotard）的人。當時他表演所穿的衣服，後來成為「緊身衣」（leotard）一詞的由來。

雜耍項目在漫畫中是使用瓶子來拋接，正式名稱其實是花式調酒。

爬旗桿並不只是往上爬而已，還要在抓住旗桿的狀態下表演特技。可以不用手就跑上旗桿，真不愧是賽巴斯欽啊。

跳火圈是要一邊空翻，一邊跳過火圈，必須具備相當的膽識與技術。

高空鋼索就是走鋼索。蹦床*如果控制得不好，就沒辦法跳得很高。

*繁體中譯版漫畫譯為「撲克牌雜耍」，應為誤譯。

第27話

那名執事……演出

Q 請問「鵝媽媽童謠」與「吹笛手的兒子湯姆」是什麼?

A 是傳統童謠，〈吹笛手的兒子湯姆〉就是其中之一。

「鵝媽媽童謠」原文為 Mother Goose

在英美國家，《鵝媽媽童謠集》是與《聖經》、莎士比亞並列，貴族與平民都用來作為教養基礎的童謠集。其中包含了繞口令及催眠曲等各式歌曲，特色是許多歌詞中都含有殘酷的內容。而〈吹笛手的兒子湯姆〉則是收錄在《鵝媽媽童謠集》裡的一首歌。

這首童謠的歌詞內容分為兩部分，描述偷了豬之後被揍的湯姆，以及只會吹奏「越過山丘，前往彼方」這首曲調的湯姆。

第30話有JOKER哼著「越過山丘，前往彼方」歌詞的場景，此外，第36話也有這段歌詞和讓人聯想到這句歌詞的對白和場景。

第27話

那名執事……演出

冷天游泳很流行是真的嗎？

英國很冷，所以只要游泳幾乎都算是冷天游泳。

英國有所謂「野外游泳」的傳統，只要看到乾淨的海、河川或湖水，就會立刻跳下去游泳。紳士們也喜歡在隆冬時分跳入蛇形湖（Serpentine Lake）進行一百碼（約九十一公尺）的游泳比賽。

1864年創立的游泳俱樂部「Serps」，則是每年都會舉辦寒冬游泳的活動。

甚至還有某個地區有種奇怪的習俗，就是聖誕節要戴著聖誕老人的帽子下水冬泳。

冷天游泳

第27話

那名執事……演出

什麼是上流階級英語？

使用官方認定發音的英語。

謝爾少爺的英語發音，是英國南部有教養的人和就讀牛津大學、劍橋大學的知識分子所使用的發音，只有三～四%的英國人能夠說得標準。

而DOLL他們所使用的，應該是倫敦巷弄的平民使用的考克尼口音（cockney）。並不算是太高雅的發音。

為了成為英國首相而學習官方發音的前首相柴契爾夫人

漫畫單行本所沒有的！
主標、標語解說集 vol.6

第 24 話　那名執事……上台
刊載於 2008 年 9 月號

主標 這兩個人，神出鬼沒 !!
標語 就安靜地慶祝這份喜悅吧
尾標 潛入馬戲團後台的作戰（偶然地？）成功了 !!
解說 久違的葬儀社登場，徹底散發出跟之前全然不同的黑暗氣息。謝爾少爺到底做了什麼搞笑橋段呢？

第 25 話　那名執事……治療
刊載於 2008 年 10 月號

主標 開始潛入 !!
標語 動畫讓人驚訝，不過馬戲團也是喔☆
尾標 謝爾也很順利地成功潛入☆
解說 包括得意洋洋的表情、滿臉笑容等等，這回可以看到謝爾少爺的各種表情呢☆還有，拉開 BEAST 姊姊大腿的賽巴斯欽，實在是真男人！

第 26 話　那名執事……同事
刊載於 2008 年 11 月號

主標 通過神祕馬戲團入團測驗的賽巴斯欽等人……
標語 漆黑、高雅、妖異、強悍
尾標 可以說是《黑執事》有史以來最不妙的展開 !!
解說 死神跟惡魔睡同一個房間，是《黑執事》史上最糟的室友組合吧！賽巴斯欽的表情是真的很不情願。將高枝剪當作平衡桿來使用……果然很奇怪呢。

第 27 話　那名執事……演出
刊載於 2008 年 12 月號

主標 展開馬戲團生活的第一晚
標語 絞盡腦汁，想盡辦法。然而還是無法按照計畫
尾標 謝爾被一軍成員發現了。敬請期待下一回 !!
解說 謝爾少爺不想被人看見過去的烙印……僕人們雖然頗為那個，但謝爾少爺本人也是很那個（笨手笨腳）啊。在這種狀況下叫我們等待下一回，編輯部的人是鬼嗎 ?!

Vol. 7

謝爾的過去——
禁忌的儀式

Outline
故 事 大 要

持續潛伏在馬戲團的
謝爾與賽巴斯欽。

兩人確認了馬戲團的贊助人
就是這次事件的關鍵，
於是又更深入地探究下去……

這時形跡可疑的馬戲團成員，
朝著「那一天」
各自確實地採取行動了。

謝爾與賽巴斯欽
被引到馬戲團贊助人的宅邸。

他們兩人在那裡看到的真相是……

Q 紋章院是什麼？

A 管理、授予紋章的組織。

面朝倫敦維多利亞女王街（Queen Victoria Street）的紋章院外觀

所謂的紋章院，是英國王室直轄的機關，除了「設計和授予紋章」之外，也要「處理紋章保有者的申請」等等，是統一管理紋章相關事務的機關。

紋章原本是在戰場上為了識別身分而刻在盾牌等處的記號，用以識別家系、公家機構或組織，是特定的記號，所以不能有兩個相同的圖案，而紋章也是世襲的。

也因此，禁止個人擅自製作紋章，而要全部歸入紋章院的管理之下。

至於要獲得紋章授予的資格，則必須具備相當的社會地位或財產。「只要調查一下紋章院就知道了」，之所以如此，也是出於英國這樣的特殊制度吧。

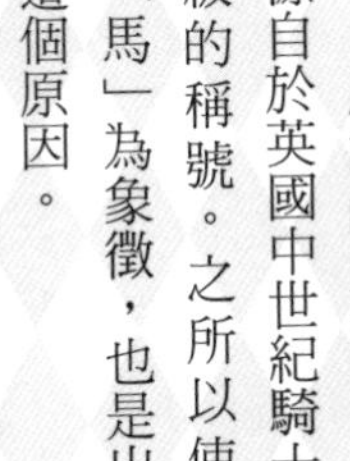

Q 騎士（勳爵士）是什麼？要怎麼做才能授勳呢？

A 授予擁有顯著功績之人的稱號。

所謂的勳爵士，是源自於英國中世紀騎士階級的稱號。之所以使用「馬」為象徵，也是出於這個原因。

在現代，如果是在文化、藝術、運動方面有顯著成就的人，經由首相推薦，就能獲得英國女王直接授勳的榮耀。

非英國人也能獲得授勳，例如比爾・蓋茲和史蒂芬・史匹柏導演都是勳爵士。

在稱呼他們時，男性的名字前面要加爵士（Sir）的尊稱，女性則敬稱女爵士（Dame）。

冊封騎士（1901 年）

第28話 那名執事……交涉

Q 印記戒指是什麼？

A 刻著家紋圖案且能當作印章的戒指。

在英國，信封會使用封蠟來彌封，而封蠟上則習慣使用有著「代表個人之浮雕」的印記戒指來蓋章。

戒指上有封印的就稱為印記戒指，對英國男性來說是標準的隨身配件。至於上面的圖案，並不是家族的家紋，而大多是家紋上的圖案加上自己名字的字首組合而成。

6 世紀的印記戒指

Q 慈善家都是些什麼樣的人？

A 以財富進行慈善活動的富豪們。

當時的英國社會還沒有建立非常完善的國家社會保險制度，因此便以企業家等大富豪所做的慈善活動為主，藉以援助並救濟貧苦。

大富豪安德魯・卡內基（Andrew Carnegie）曾說：「富人的幸福是讓整個社會受益。」這句話是以基督教發自善意的行為為基準，但另一方面，也有著「維持社會秩序」的意義在內。

話雖如此，貧民窟等地區仍是犯罪的溫床，這些人集體攻擊貴族宅邸的事也時有所聞。

此外，現代「捐獻給最多慈善團體」並明載於金氏世界紀錄的人，就是麥可・傑克森（Michael Jackson）。

安德魯・卡內基

麥可・傑克森

Q 19世紀的照相機，照出來的照片會上下左右顛倒嗎？

A 大片幅相機是在上下左右都反轉的狀態下對焦的。

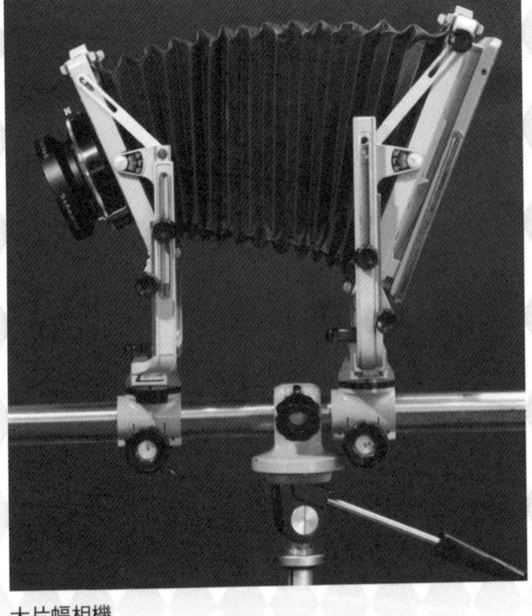
大片幅相機

19世紀後期，英國的醫生理查・利區・麥德斯（Richard Leach Maddox）發明了「乾版攝影」，一般的照片攝影也逐漸普及。

從這個時代開始出現的大片幅相機，是使用乾版攝影，對焦時要以遮光布蓋住，然後與後方的對焦屏對上。這個原理也同樣使用在現代的相機上。

這時所映出的影像，是透過鏡片在點對稱的位置上成像的實像，因此會上下左右顛倒。仔細看，透過水滴看到的影像也是顛倒的，由於相機也是利用此原理，所以才會如此。

此外，膠捲相機與數位相機的取景窗影像，都已經過再次顛倒，因此看起來就和平常看到的影像一樣。

第31話

那名執事……觀望

球體關節人偶是什麼？

藉由做成球體的關節，能夠自由擺出各種姿勢的人偶。

「球體關節人偶」正如其名，就是「關節部分為球體的人偶」，因此關節構造的自由度非常高，是可以隨意呈現各種姿勢的人偶。

無論是木質人體模型或是單純的人偶、鋼彈模型等等，都會有某些部分使用到球體關節，目前可以說是很普遍的構造。

此外，也有不少人發表過打著「球體關節人偶」的名號，以少女為主題的作品。藉以創造出妖異奇幻且特殊的世界。

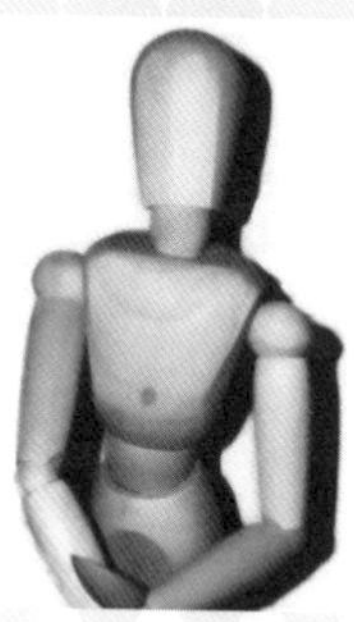

一般的
球體關節人偶

第32話

那名執事……嘲笑

深沉黑夜*是指什麼樣的夜晚？

就是指漆黑的夜晚。

將英國人古典的表現方式翻成日文的話，用字遣詞大概會像《萬葉集》中的日本詩歌〈枕詞〉那樣吧。

日文中的「射干玉」是指鳶尾科射干屬植物的黑色果實。由此引申為地表上完全沒有任何光線反射的漆黑夜晚。

在這部漫畫中是不是也有弦外之音，用來借指在寂靜無聲的黑暗中，只有魔界之人喧囂的世界呢？

射干屬植物的種子

Q 蓋‧福克斯節是什麼樣的節日？

A 永遠持續不斷地懲罰暗殺國王未遂者的節日。

1605年11月5日，蓋‧福克斯（Guy Fawkes）一行人因為暗殺國王與議員未遂而遭到處刑。後來每年這一天的習俗就是製作「蓋‧福克斯人偶」，並讓它遊街示眾，最後再燒掉。孩子們會施放煙火，晚上還有燃燒篝火的慶典，這就是「蓋‧福克斯節」的由來。

「創造一個慶典，讓打算暗殺當時主政者的人永遠遭受被處刑的懲罰」——人類這種出於惡意的行為，恐怕連惡魔也望塵莫及吧。

被遊街示眾的福克斯人偶

Q 搪瓷娃娃是什麼？

A 19世紀很流行的瓷製少女人偶。

19世紀歐洲的上流階級婦女很流行收藏搪瓷娃娃（bisque doll），那是頭部與手腳等部位經由二次燒製（法語稱biscuit，是bisque的語源）而成的瓷製少女人偶。又稱為「骨董娃娃」。因為現今已經停止生產，所以非常搶手，是極具價值的骨董，一尊娃娃的交易價格可高達數萬美元。

日本動漫《薔薇少女》，作品裡也有搪瓷娃娃登場。

骨董娃娃

漫畫單行本所沒有的！

主標、標語解說集 vol.7

第 28 話　那名執事……交涉

刊載於 2009 年 1 月號

主標 被一軍成員發現的謝爾 !!

標語 在污穢中綻放的薔薇

尾標 那股氣息會摧毀理性，只剩沉淪──

解說 花朵與蛇，令人感到詭異的扉頁插畫。標語文字也下得非常相稱。那麼，潛入帳篷內的謝爾少爺到底會如何呢？

第 29 話　那名執事……醜事

刊載於 2009 年 2 月號

主標 在些微的心靈縫隙間……

標語 值得玷污的美麗

尾標 威廉所說的話隱含的意思是？

解說 替女性穿鞋的賽巴斯欽扉頁圖，總覺得瀰漫著一股大人的氣息呢。事實上，從進入這一話之後，就相當有成人的感覺了……

第 30 話　那名執事……撫養

刊載於 2009 年 3 月號

主標 關在宅邸裡的一個男人

標語 輝煌僅是短暫。污穢卻無法消除

尾標 小丑眼中的少年。他已經不是夥伴了……

解說 不同於扉頁上天真無邪的空中飛人，故事的進展變得沉重滯悶。這樣的反差應該能讓本篇故事更令人印象深刻。

第 31 話　那名執事……觀望

刊載於 2009 年 4 月號

主標 連接起來的點和點

標語 等待的人來了。太棒了──

尾標 與一名少年的邂逅照亮了他

解說 凱爾文男爵用繃帶包著臉，讓人看不出長相。但即使透過繃帶，也能清楚看出他因為等待的人到來，臉上表露出掩飾不住的喜悅。

第 32 話　那名執事……嘲笑

刊載於 2009 年 5 月號

主標 男人的內心有了些改變

標語 美麗的人們

尾標 菲尼到底是怎麼了 ?! 敬請期待下回 !!

解說 扉頁是笑得天真爛漫的謝爾少爺。這是從現在的謝爾少爺身上難以想像的表情，他到底發生過什麼事呢？

Vol. 8

與馬戲團的訣別——
謝爾的覺悟

Outline
故 事 大 要

趁著謝爾與賽巴斯欽不在，
馬戲團成員們偷偷潛入凡多姆海伍家。

不過僕人們也毫不遜色，
畢竟他們都是賽巴斯欽
親自選出來的——
最強僕人軍團

他們確實地將馬戲團的成員們
一個接一個地解決掉

另一方面，謝爾主僕終於知道
隱藏在馬戲團背後深沉又悲哀的事實。

這時謝爾所採取的行動是……

Q 所羅門・格蘭迪是誰？

A 出生五天後就死的人。

**「所羅門・格蘭迪，
星期一出生，
星期二受洗，
星期三結婚，
星期四生病，
星期五病危，
星期六死亡，
星期日埋葬。
所羅門・格蘭迪就這樣結束了一生。」**

這也是《鵝媽媽童謠集》中的一篇。

從這首童謠看來，實在不清楚創作人想表達什麼，不過巴爾德所說的「急著赴死」大概是從這裡而來的吧。

19世紀的鵝媽媽雕塑

第33話
那名執事……信譽

Q 明尼蘇達的小麥工廠是指什麼事件？

A 因為「粉塵爆炸」而造成許多死傷的真實事件。

就在1878年，美國明尼蘇達州的瓦許本（Washburn）麵粉廠發生了小麥粉所引發的粉塵爆炸案。

空氣中充滿了易燃的粉塵，由於比表面積非常大，因此與氧氣結合之後很容易引起燃燒反應，只要一點火，就會以接近汽油汽化的狀態發生爆炸。

這也是煤炭礦坑發生爆炸的主要原因，「明明就沒有使用炸藥，卻發生了大爆炸」，因此最近在動畫中也常被拿來作為題材。

明尼蘇達的
瓦許本麵粉廠大爆炸後的遺跡

Q　沒有瞄準器也能狙擊嗎？

A　端看狙擊手的能力，有些人是可以做到的。

芬蘭軍人席摩・海赫（Simo Häyhä）創下了狙擊士兵的最高紀錄（射殺五百零五人），而且沒有使用瞄準器。

要在敵人沒有發現的狀態下從遠距離狙擊，這時瞄準器就可以發揮效用。不過，與多數敵人近距離作戰時，就沒有使用瞄準器對準的時間，狙擊手也必須一邊採取迴避動作、一邊射擊。經過訓練後，讓狙擊槍幾乎成為身體的一部分，而且不靠瞄準器就能擊中遠距離的敵人，若有這樣的能力，就足以作戰了。只是說起來，實際生活中並不會遇上這樣的情況。

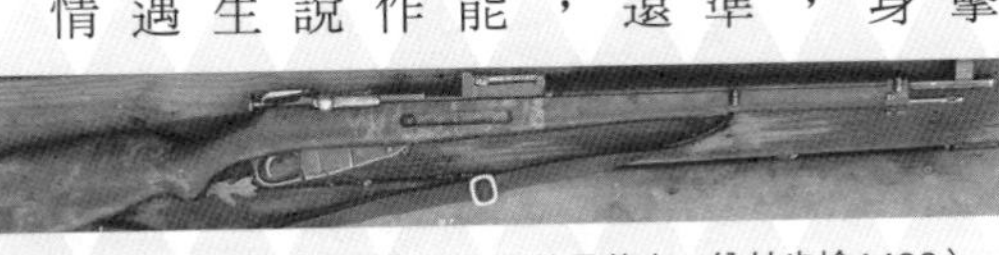

芬蘭的 M39 狙擊槍（席摩・海赫用的是莫辛・納甘步槍 M28）

第33話　那名執事……信譽

Q　巴爾德所拿的是什麼槍？

A　稱為格林機槍，是全世界最早的機關槍。

格林機槍利用多管式槍身一邊旋轉，一邊進行子彈裝填、擊發、抽殼，可以在一瞬間向敵人發射大量子彈。

當然，考量到格林機槍的重量並不適合攜帶，因此隨著單一槍身的自動手槍問世，這款機槍便停用了。

不過，因為其發射速度快，且槍身的冷卻性優異，目前軍用飛機上使用的武器，便是稱為機砲的進化型格林機槍。

格林機槍的進化型——M61 火神式機砲

第34話 那名執事……從容

Q 骨瓷是什麼？

A 混合了牛骨灰的陶土所製成的瓷器。

骨瓷是有著溫暖乳白色澤的光滑窯燒器具，是在18世紀由英國所發明。

當時的英國因為無法獲得製作中國瓷器的白色黏土，因此將牛的骨灰作為替代品來使用，也因此才會有骨瓷之名。

骨瓷的強度比一般瓷器要來得高，可以使用各種顏料，所以能夠在上面繪製各式花色圖樣。而且因為具透光性，也可以用來製作燈具，是很受歡迎的材質。

骨瓷杯

第35話 那名執事……執行

Q 當時的英國衛生條件如何？

A 說得再婉轉都很難稱得上「很好」。

雖然那是個人口紛紛聚集到倫敦的時代，但當時還沒有所謂的「衛生觀念」，供水和下水道設備都不充足，就連被污染過的水也是照喝不誤。

把髒東西丟出窗外是很自然的事，路上到處都是馬糞。

此外，工廠排放黑煙，工業廢棄物也直接棄置在河川裡。傷寒及霍亂等疾病開始在貧民窟蔓延。這樣的情況讓倫敦成為「承受文明所帶來的苦果，最骯髒的城市」。

Le Petit Journal

LE CHOLÉRA

以死神樣貌來詮釋霍亂的插畫

Q 不加班主義是什麼？

A 工作能力優秀的「商務菁英」所自豪的事。

對於世界頂尖的商務菁英而言，「不加班」是理所當然的事。在瞬間判斷出自己該做的事，其他則是應該交辦給他人的工作。死神威廉簡直就是這種菁英所化身而成。

如果想著「我手上有好多工作真是了不起」、「不加班會讓人有不好的評價」，或「我想領加班費」，就很容易被視為「無法出人頭地的人」。

迅速完成工作，空下來的時間就著手準備下一次的挑戰，並拓展人脈。這樣才能進一步提升工作能力。

不過話說回來，羅納德·諾克斯所說的「不加班主義」跟這個完全不同就是了……

第35話 那名執事……執行

Q 羅納德·諾克斯是何方神聖？

A 好像是個滿輕浮的死神……

這位先生抱持著「不加班主義」。只不過他是因為「不想被工作綁住過長的時間」，有著「比起工作，私人事務優先」的想法，跟威廉的不加班完全天差地遠。

他所散發出的「年輕」、「整天只想著玩樂」的氣息，跟「SUIT」完全不同。可以想像對「SUIT」來說，他恐怕是最討厭的那一型。

而這種最討厭的年輕人居然說出跟自己相同的話，這應該讓威廉感到很不愉快……雖然我們讀者看得非常開心就是了。

第35話 那名執事……執行

諾克斯拿的工具是什麼？

除草機。

用來除草的「除草機」，是以電力或引擎讓刀刃旋轉，藉此剪去雜草的工具。

英國人很喜歡除草機，在1945年還蓋了「英國除草機博物館」，展示了超過兩百台以上的除草機。而且還有「除草機賽跑」等活動，可見得他們對除草機的講究。

話又說回來，包括「鐮刀」、「電鋸」及「高枝剪」等，不知道為什麼，死神們好像很喜歡「修剪植物的工具」呢。

電動除草機的一種

第35話 那名執事……執行

梅比烏斯環是什麼？

是指「正面與背面連接在一起的環狀面」。

葬儀社持有的遺髮墜鍊上所畫的類似∞的記號，就是梅比烏斯環（Möbius Band）。

那是將一條細長的帶子扭轉半圈之後再接在一起，沿著正面開始走的話，自然地就能走到背面，是種二次元流形。

在文學上，常常被用來象徵「不知不覺就走到反面」、「再度回到原點」等意思，如果畫成像遺髮墜鍊上「∞」那樣的記號，就有著「永遠之羈絆」的意思。

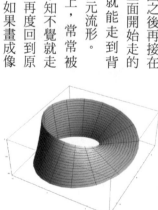

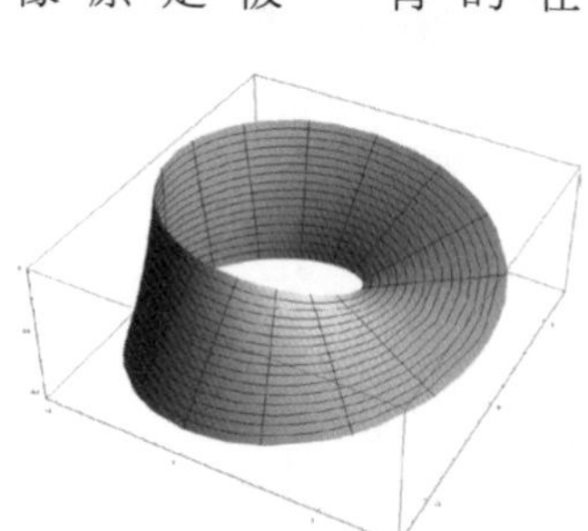
繪製成３Ｄ的梅比烏斯環

Q 鐵道的車廂是怎麼分級的？

A 當時的鐵道車廂分成一等車廂與三等車廂。

原本是區分為一等、二等、三等車廂，一等是高級車廂，二等是普通車廂，三等則是沒有椅子也沒有車頂的台車。後來修改法律之後，三等車廂也有義務加裝椅子跟車頂，再加上價格競爭的關係，付二等車廂的費用就能搭乘一等車廂，結果就造成二等車廂的廢止。

至於車資，一等車廂每搭乘一哩是一．五便士，三等車廂則是一便士。雖然差距並不算太大，但在英國的階級社會中，「執事與主人搭同等級的車廂」是很「缺乏常識」的行為。

當時的火車頭繪圖

Q 在19世紀的英國，露出腿來是很不要臉的行為嗎？

A 就連說出「腿」這個字眼都是一種禁忌。

19世紀後期的英國，也就是維多利亞女王的時代，是個極度禁慾主義的時代。當時在上流階級中，就連說出「腿」這個字眼都是一種忌諱。

這是因為承襲了基督教喀爾文派的論述，受到以勤勉、禁慾、節制、貞淑為要點的價值觀與道德所影響。

不過，儘管上流階級的人士有這樣的文化，可實際上生活似乎也相對地糜爛。因此才會有人說那是「貴族假裝高雅的偽善風氣」。

約翰．喀爾文（Jean Calvin）

能否介紹妮娜所說的時尚用語呢？

那麼就讓我們依序來看看吧。

【燕尾服】
就是「正式禮服」。

【扣眼】
指的是「西裝左領上的第一個鈕釦孔」。

【山東絲】
縱紋由普通絲線、橫紋以雙宮絲來織造的未經處理之生絲織物。

【流蘇】
連接在布料底部的布穗。

【雪紡紗】
輕薄柔軟的布料。

【蟬翼紗】
薄而輕盈透明的布料。

【燈籠袖】
從手臂到袖口的地方呈蓬蓬狀的長袖。

【水手服】
使用於海軍軍服，衣領有獨特形狀的上衣。

【雙排釦】
上衣前方有縱列兩排的鈕釦。

【三件式（西裝）】
全都用同一種布料縫製的外套、背心、西裝褲。

【垂墜】
自然且往下垂放的皺摺。

【打褶】
折山部分有清楚角度的摺痕。

Q 裁縫是什麼？

A 替個人量身製作服裝的服飾專家。

19世紀雖然已經是「成衣」開始發展的時代，但貴族在服飾方面通常還是會讓其專屬的裁縫來製作。

當時也是高級裁縫競相比較手藝的時代，擁有什麼樣的專屬裁縫，也代表了貴族的地位。

幫貴族女性製作新衣時，不只要考慮體型，還要搭配五官輪廓及髮色，才能突顯出該名女性的魅力，同時還得要走在流行的尖端。

裁縫工作時的狀況

第37話 那名執事……新衣

Q 布魯瑪夫人是誰？

A 美國的女性解放運動家。

艾美莉亞・珍・布魯瑪，通稱布魯瑪夫人，是19世紀的女性解放運動家，畢生致力於推廣女性參政權及女性的高等教育。

另一方面，她也是促進女性服飾自由化的人。

當時的女性服裝都是用緊身搭綁緊腹部、穿著寬大的裙子等等，全是以「男性的觀點」來製作，而她帶頭反抗，最有名的便是推廣「燈籠褲」這種褲腳收緊但整體很寬鬆的女用褲。

艾美莉亞・珍・布魯瑪
（Amelia Jenks Bloomer）

漫畫單行本所沒有的！
主標、標語解說集 vol.8

第 33 話　那名執事……信譽

刊載於 2009 年 6 月號

主標 渾身是血的 JUMBO。難道是菲尼……

標語 只是想要堅守自己的工作崗位——

副標 這才是這三個人的工作

解說 最強的僕人軍團終於露出了真面目。從扉頁上可以看見這三個人的表情帶著一股陰沉氣息。

第 34 話　那名執事……從容

刊載於 2009 年 7 月號

主標 無

標語 主僕兩人都沒有休息的時間

副標 包圍著兩人的烈焰卻是徹底地冰冷……

解說 慘烈的過往被揭曉。謝爾少爺怒不可遏，命令賽巴斯欽燒毀整棟宅邸。與熊熊竄燒的火焰相反，謝爾少爺的眼神看起來是如此冷酷。

第 35 話　那名執事……執行

刊載於 2009 年 8 月號

主標 東區某位少年的故事……

標語 掙扎、發光——

副標 火焰靜靜地燃燒……彷彿什麼都沒發生過……可那也只不過是別開眼罷了

解說 帶著笑意的 JOKER 與 BEAST。兩人從過去到現在的故事揭曉，不過那靠的是死神的能力。這兩人確實已經不在世上了。

第 36 話　那名執事……隨行

刊載於 2009 年 9 月號

主標 超人氣扉頁感謝彩頁!!

標語 夢中搖盪，讓你淺淺入睡

副標 惡魔注視著在小小的世界裡醜陋掙扎的人們……帶著幾分玩味、幾分憐愛

解說 再怎麼下令殺人，謝爾少爺終究是個孩子。他無法捨棄人類的那一面，對賽巴斯欽坦承自己是醜惡人類的那一幕，讓人印象深刻。

第 37 話　那名執事……新衣

刊載於 2009 年 10 月號

主標 好久不見的本邸怎麼樣了呢？

標語 華服蒙塵，空蕩的房間

副標 下一回，進入新篇章!!

解說 舞台回到久違的凡多姆海伍家。氣氛也由先前的肅殺氣息搖身一變，帶來一則愉快的故事。看來謝爾少爺總算能夠讓身心休息放鬆了。

Vol. 9

凡多姆海伍家
殺人事件・前篇

Outline
故　事　大　要

毀掉馬戲團之後沒多久，
凡多姆海伍家就遭遇新的事件。

凡多姆海伍家聚集了各界名人，
舉辦一場難以言喻的詭異宴會。

其中，有個格格不入的無名作家。
為什麼像這樣的人會被招待來這裡呢？
似乎連他本人都不太清楚。

賓客們都被賽巴斯欽最高規格的款待所感動。
正當賓主盡歡之際，
某處卻傳來嚇人的慘叫聲。

沒想到竟是一位待在密室的客人遭到殺害。

於是，故事就此展開……

那名執事……悲愴

Q 有兩匹馬拉的馬車，是什麼樣的馬車？

A 貴族用的高級馬車。

馬車

當時的英國，正值仰賴鐵道運輸大量旅客的時期，不過，因為路線固定且有其限制，所以馬車的使用也很頻繁。

其中的主流是被平民視為計程車來搭乘，只有一匹馬拉的簡陋攬客馬車。

另一方面，就像現代轎車也有高級轎車一樣，當時也存在著貴族用或迎賓用的兩匹馬拉的馬車。

為了不讓乘客座位感覺到車輪的震動，設有完備的懸架以減震，是那種搭乘起來舒適，外觀及車廂內部也十分奢華講究的馬車。

以車子來說，並不單純只是移動的工具，也必須象徵貴族的身分地位。這種人類的本質，無論是19世紀或現在，似乎並沒有太大的不同。

Q 進逼棋技是什麼？

A 可以說是進攻將棋（詰將棋）的西洋棋版本。

跟進攻將棋最大的不同，就是進攻端「可以不必連續王手（將死）」，而可以留下「棋謎」或做「殘局研究」。

有些下法乍看跟最終要收拾對手的「將死」完全無關，選擇性也很多，據說那些針對上段人士的棋局也相當困難。

無論如何，預測到好幾步之後的局勢並做出決定，對於做任何事來說都有其必要性。因此請各位也要多多精進喔。

西洋棋盤

第38話

那名執事……悲愴

Q 英國的天氣總是很陰沉嗎？

A 全年多為陰天或雨天，這是英國天氣的特色。

英國屬於溫帶海洋性氣候，全年氣溫的變化並不大。反倒是一天內的天氣變化很劇烈，所以有「一天之內就能經歷四季」的說法。此外，這個國家幾乎每天都會下著接近霧狀的細雨。

跟終年氣候晴朗的日本不同，女僕們光是要把洗好的衣服晾乾就非常不容易。

除此之外，英國的冬季也多半是陰天。他們有著「六月新娘」的習俗，事實上，那是因為相較之下，英國六月放晴的日子要來得多一些。

日本也有六月新娘，有不少人會選擇在六月結婚，不過對於六月正值梅雨季的日本來說，或許並不是個適合結婚的時機。

第38話 那名執事……悲愴

Q 什麼是正式餐會？

A 主辦人藉由威望所召開的正式晚宴。

在貴族社會的晚餐會中，如果特地招待VIP的話，某種程度上就算是公開的晚宴。主辦人能邀請到什麼樣的人物、做出什麼樣的款待，這些「人脈力量」都是權威的表現。有些則是基於「特定目的」才舉辦的，例如想要談成一筆新生意，或是想對政治或外交造成影響等等。用完奢華的餐點之後，通常都會另外準備能夠愉快交談的場所。能夠得到這樣的正式餐會招待，就等於被認同是「上流社會的一員」，是很光榮的事。

「自助餐」 珍・路易・佛雷恩（Jean Louis Forain）

第38話 那名執事……悲愴

Q 實際上的雙槍是如何呢？

A 在俄國，雙槍是正規的戰鬥模式。

雙槍是指雙手都拿著手槍，在短時間內朝敵人連續發射，藉以取勝的戰鬥方式。

俄國的警察和諜報機構，也有用雙手各執一支左輪手槍的正規戰鬥模式，稱之為「馬其頓射擊」。看來梅琳似乎就是在那裡接受槍枝的訓練呢。

這回她使用的是德製魯格手槍，或許是因為相對於只有六發子彈的左輪手槍，魯格手槍有九發子彈吧。

然而，隨著能帶來同樣效果的衝鋒槍逐漸普及，雙槍作戰的方式不再使用於軍事上，不過，因為實在是「太帥了～～」所以使用雙槍的畫面還是經常在電影等地方出現。

鑽石的切割技術對重工業有幫助嗎？

可以用來切割、打磨不易加工的金屬。

19世紀的英國之所以成為世界上最強盛的國家，其中一個原因就是工業革命所帶來的重工業發展。而要製作大型且耐高溫、高壓的生產設備，最基本的就是必須具備高級的材料加工技術。

超硬合金或陶瓷等硬度高的材料，以及鋁合金、玻璃等難以加工的機械零件，製作上必須很精密，接觸面要打磨得像鏡面一樣。

這時要使用的，就是擁有全世界最大硬度的鑽石所發展出來的切割、打磨技術。

那些不適合作為首飾的鑽石，或是切割後剩下來的部分，都可以做成鑽石刀或銼刀，對文明發展有所貢獻。

鑽石手術刀

那名執事……吃驚

Q 布爾卡利村的紅酒到底有多夢幻呢？

A 因為是「英國王室專用」，無法輕易取得。

摩達維亞是世界上最古老的葡萄酒產地，從羅馬時代以來，摩達維亞所生產的王宮貴族專用葡萄酒，就深受各國王室的喜愛。

在1878年的「巴黎國際葡萄酒展示會」中獲得金賞之後，更是獲得了維多利亞女王的青睞。於是也釀造了「英國王室專用」葡萄酒，之後英國王室也用來作為參訪各國時的贈禮。因此，跟王室的關係若不親近，是絕對無法得到這款「夢幻葡萄酒」的。

酒窖 ©Myrabella

第39話

那名執事……吃驚

Q 《賓頓雜誌》是什麼樣的雜誌？

A 是在英國發行的一本針對一般大眾出版的小說雜誌。

由19世紀中葉的出版商山謬．賓頓（Samuel Beeton）創刊發行，是一本有著華麗封面的大眾雜誌。1887年的《賓頓聖誕年刊》只刊登了亞瑟老師的〈血字的研究〉，也就是以名偵探夏洛克．福爾摩斯為主角的第一篇長篇小說，以及另外兩篇短篇戲劇而已，在當時蔚為話題。雖然這一期簡直就是福爾摩斯特別號，但購買這本雜誌的一般顧客卻沒有給予太好的評價。儘管如此，似乎也是「識貨的就會喜歡」呢。

1887年11月公開發行的《賓頓聖誕年刊》所刊載的〈血字的研究〉

奧斯卡・王爾德是什麼樣的人？

出身於愛爾蘭的詩人兼作家。

奧斯卡・王爾德是19世紀末唯美頹廢風的成功作家，代表作品有《莎樂美》、《快樂王子與其他故事》等等。

他留下了一句名言：「做你自己。因為其他角色都有人演了。」儘管他結了婚，卻很清楚自己是同性戀。他接受自己的生活方式，但卻遭到心愛男人的父親控告，並因此入獄。出獄之後，便鬱鬱不得志地死去。

他似乎是相當受到某些女性關愛的人。

奧斯卡・王爾德（Oscar Wilde）

第39話 那名執事……吃驚

《PUNCH》是什麼樣的雜誌？

英國的諷刺漫畫雜誌週刊。

創刊於1841年，持續發行至1992年的諷刺漫畫雜誌週刊。

「PUNCH」這個名字，是來自於英國傳統人偶劇的知名主角，也就是行為舉止都很激昂的「Mr. Punch」。雜誌中所刊載的並非「有故事性的漫畫」，主要是批評社會及政治的單幅「諷刺畫」。日本在1862年也曾發行《日本PUNCH》。這也是漫畫的日文別名「PUNCH繪」一詞的由來。

理查德・杜爾尼（Richard Doyle）所畫的《PUNCH》封面（1867年）

Q 密室殺人是什麼意思？

A 是指犯人不可能逃得掉的殺人現場。

艾德嘉・愛倫・坡

日本推理小說家「江戶川亂步」的筆名，是取自艾德嘉・愛倫・坡的日文發音，而這位美國小說家艾德嘉・愛倫・坡所寫的史上第一部推理小說《莫爾格街兇殺案》，就是「密室殺人題材」。要布置「不可能的犯罪」，創造出密室，就必須營造物理上的機關及心理陷阱。也就是說，要透過偽造殺人時間、掉包遺體、與相關人員串供等「營造出密室的錯覺」，將各式各樣的謎題組合在一起，使得「解謎」的趣味性加倍。目前全世界已經出版過無數「密室之謎」的相關書籍，到現在還可以繼續寫下去，應該是因為科技發達，使得「二十年前不可能存在的密室」如今都得以實現吧。

追根究柢，或許正是因為人類這種生物經常在摸索「殺人之後脫罪的方法」，所以才會如此。

那名執事……收容

針和線的密室是什麼？

意指「小孩子都想得出來的密室機關」。

用針把線穿過鑰匙孔，從內側移動門栓，讓人看起來像是「從內側上鎖」。或者也可以拿唯一一把鑰匙從門外上鎖之後，再利用針線將鑰匙放回室內被害人的口袋裡——針和線的密室這種說法，就是針對這類早期密室殺人小說或兒童推理漫畫常出現的「密室機關」所做的小小嘲弄。

至於為什麼會受到嘲弄呢？最主要的原因，就是在現代長篇推理作品中，密室機關早已經是個老梗了。

因為這樣的梗過於氾濫使用，以至於如今成了連小孩都想得到的不入流設計，所以謝爾才會說出這句話吧。實際上，現在的推理小說如果用了這樣的設計，或許還會受到相當辛辣的批判呢。

那名執事……收容

不在場證明是什麼意思？

案件發生的當下，人不在現場的證明。

若是真正的犯人，那麼犯案時刻一定會在犯罪現場。也因此，如果有「在犯案的時間點位於其他地方」這樣的證據，就代表這個人「可以從嫌犯名單上剔除」。大抵上，在推理小說的世界裡，就是因為有著「越是擁有不在場證明，就越有可疑的殺人動機。肯定是動了什麼手腳」的質疑，然後才開始「戳破不在場證明」。在推理小說或偵探漫畫中，只要是有確實不在場證明的人，通常都會說出：「我不要待在這麼危險的地方！」之後沒多久就先被殺了……真要說起來，與其說是洗清他們的嫌疑，倒不如說他們是讓作者插死亡旗的素材。

不過說起來，人類對彼此之間所抱持的深度不信任，一直以來都很耐人尋味呢。

第40話 那名執事……收容

倒帳是什麼意思？

是指應收的帳款無法收回來。

「倒帳」在日文中原本是指黏在鍋子上炭化的「鍋巴」，引申為經濟、經營方面的慣用語。鍋子的「鍋巴」就是因為黏著焦炭，要剝也剝不下來，於是將之引喻為「想收卻收不回來的錢」這樣的意思。

會倒帳的公司多半都是因為破產或是堆積太多不良庫存品，導致放款的那一方收不回資金，使得資金周轉不靈，甚至可能引發連續倒閉。因此，一旦某間企業「倒帳」，對於相關企業而言是很嚴重的問題。

第40話 那名執事……收容

貴族的房間裡有祕道嗎？

通常都會準備好一條祕道。

大部分的貴族原本都是地方上的領主，因此在與鄰近領主爭戰時，他們的宅邸就扮演了「城池」的功能。而為了避免戰敗後敵人侵入屋內，所以會事先準備一條逃脫用的「祕道」。

……這樣的歷史真的是事實嗎？難道真正的理由不是因為惡質領主苛刻子民，最後遭到狂怒的子民攻擊宅邸，為了脫逃才建造的嗎？

謝爾少爺的宅邸過去也曾遭逢大火焚燒這樣的悲劇，後來賽巴斯欽在一夜之間修復完成。因此，有一兩條祕道應該也沒什麼好奇怪的。

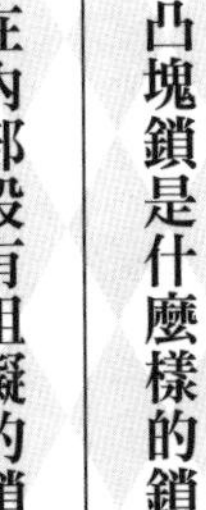

凸塊鎖是什麼樣的鎖？

在內部設有阻礙的鎖。

所謂凸塊鎖，就是鎖的內部有稱為「凸塊」的障礙物，變成一般正規鑰匙無法嵌合並旋轉的形狀。

這種鎖的原型始於羅馬時代，在中世紀的歐洲發展起來。因為原理很簡單，只要是專家就有可能配得出鑰匙。

至於貴族所用的鎖，為了防止他人配出鑰匙，因此會製作形狀複雜的凸塊，而這樣的鎖也會被評為具有「藝術品」的價值。

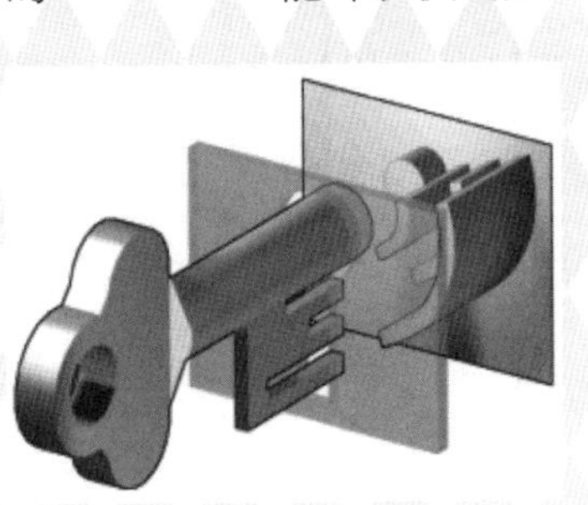

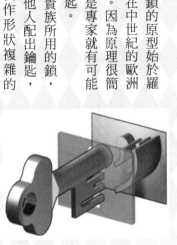

凸塊鎖

第40話 那名執事……收容

那個時代的手銬是什麼樣子？

是鐵製的，比現代的手銬還堅硬，有分大、中、小三種尺寸。

現代的合金製手銬，每組大約三百克左右。相對於此，當時的手銬是鐵製的，重達約七百五十克，而且不能調整大小，只能視手腕的粗細選擇大、中、小三種尺寸。

當時的手銬甚至附有長長的鐵鍊，手腕還得負擔鐵鍊的重量。

戒送恐怖分子所用的手銬鐵鍊之所以這麼長，可能也是因為在長距離的戒送時，幾公尺長的鐵鍊一邊要鎖在戒護車上，另一邊要綁住恐怖分子吧。

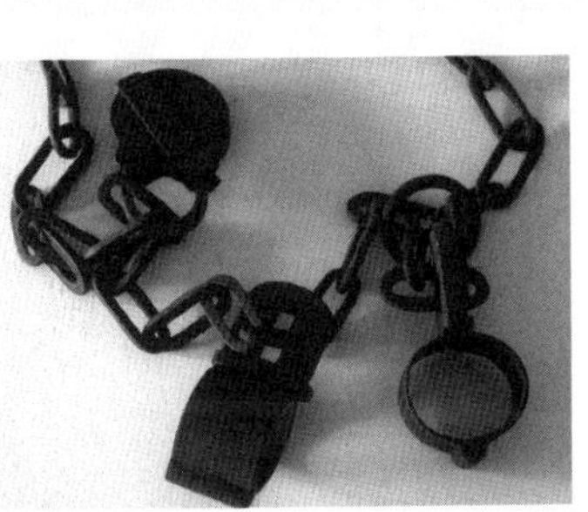

以前的手銬

第41話 那名執事……死亡

Q 在英國，貓頭鷹是什麼樣的存在？

A 是一般人覺得很有親切感的鳥類。

貓頭鷹是經常在英國民間故事中登場的鳥，牠們是「夜行性猛禽類」，立於森林食物鏈的頂點。透過這點，似乎也可以看出「大英帝國」的國家形象。

或許是受到電影「哈利波特」系列的影響，英國從2013年開始推動「貓頭鷹送信」的計畫。可另一方面，許多被養來當寵物的貓頭鷹，在電影結束之後遭到棄養，這些貓頭鷹有些餓死，有些則對生態系造成了威脅。

人類的任意妄為，實在讓人感到無奈。

雪鴞

第41話 那名執事……死亡

Q 安心毛毯是什麼？

A 是「一旦有了它就會感到安心的特定物品」。

又稱為「奈勒斯（LINUS）的小毯子」。其由來是出現在史奴比漫畫《花生》（Peanuts）裡的奈勒斯，總是拖著一條小毛毯。一般指的是「嬰幼兒特別依賴喜愛的毛毯或布偶等無生物」，而且「有了它精神上會比較安定」。

但出現在一般對話中時，通常都是用來取笑他人還長不大，帶有「你怎麼還需要那種東西啊？真像個小孩子」這種稍微偏離了原意的意思。

Q 毗濕奴神是什麼樣的神明？

A 印度教三大神明之中，地位最高的一位神明。

毗濕奴是印度教三大神祇中地位最高的神，負責維護整個世界。祂擁有四隻手，是生下創造之神梵天、破壞神濕婆的神明。

毗濕奴神跟其他神明不同，據說祂會利用化身（Avatar，電腦遊戲中玩家的「avatar」＝頭像，即源自於此），以巨大的龜、魚、人類等姿態現身，保護地上的人們。

此外，從祂「三大步跨越世界」這點來看，也可以認為祂是「將太陽神格化的神」。

看著連日豪雨的索馬殿下，之所以認為「毗濕奴神的庇護也會變淡」，就是這個原因。

話說回來，謝爾少爺早已跟惡魔訂下契約，實在很難相信毗濕奴神會對他加以庇護。

毗濕奴

漫畫單行本所沒有的！
主標、標語解說集 vol.9

第38話　那名執事……悲愴
刊載於2009年11月號

主標 新篇START！
標語 黑藍色的研究
尾標 下一回，封面登場!!
解說 終於要開始的神祕推理篇。在暖爐前的陌生男子似乎正在跟謝爾少爺、賽巴斯欽談論著什麼事。瀰漫著一股事件發生的氣氛……

第39話　那名執事……吃驚
刊載於2009年12月號

主標 正在講電話的謝爾。對方是？
標語 惡魔的手足?!
尾標 慘劇的帷幕已經拉開——
解說 這次的扉頁畫了準備宴會的忙碌情況。菲尼跟田中先生看起來好像沒在工作，真的沒問題嗎？

第40話　那名執事……收容
刊載於2010年1月號

主標 客人離奇死亡，執事會？
標語 到底怎麼會發生那樣的事呢？
尾標 下一回，中間彩頁!!
解說 扉頁是大家背對背圍成一圈。這張畫將所有人都不相信彼此的氛圍傳遞出來了呢。

第41話　那名執事……死亡
刊載於2010年2月號

主標 叫巴爾德起床的理由是？
標語 不做多想，絕對是白色劍刃
尾標 看著謝爾如此哀傷，亞瑟會?!
解說 發生這種事真的可以嗎？賽巴斯欽居然死了?!那麼接下來到底會變得如何呢？

第42話　那名執事……代行
刊載於2010年3月號

主標 在城中宅邸百般無聊的索馬
標語 失去的執事
尾標 第三起謀殺……就連賽巴斯欽託付的貓頭鷹也?!
解說 一雙彷彿承載著憂傷的雙眼，帶著烏鴉的賽巴斯欽。儘管已經死去，但那雙眼又在看著什麼呢？

Vol.10

凡多姆海伍家
殺人事件・後篇

Outline
故 事 大 要

舞台就在暴風雨之夜的凡多姆海伍家，
本該是一場愉快的宴會，卻因為一位賓客的死亡，
搖身一變成為恐怖的晚宴。

意想不到的是，連賽巴斯欽都死了，
留下哀慟萬分的謝爾等人。

犯人究竟是什麼人……

每個人都彼此懷疑，
一觸即發的緊張氣氛中，
名叫傑雷米的男人忽然現身於暴風雨之夜。

有了這名男子的協助，
是否就能找出
犯人的真實身分呢……

Q 拉・芬努（Joseph Sheridan Le Fanu）的《吸血鬼卡蜜拉》是什麼樣的故事？

A 是描寫美麗的女吸血鬼與少女的故事。

《吸血鬼卡蜜拉》的插畫（1872 年）
大衛・亨利・弗里斯頓（D. H. Friston）

《吸血鬼卡蜜拉》（Carmilla）於1872年出版，是以愛爾蘭吸血鬼傳說為藍本所寫下的恐怖小說。

後來還有一部知名的吸血鬼故事《德古拉》（Dracula），但創作時間是在1897年，在漫畫中這起事件發生時還沒有寫出來。

《吸血鬼卡蜜拉》所描寫的是攻擊少女的美麗吸血鬼，與少女主角之間的心靈交流，是部充滿女同性戀氛圍的作品，因此蔚為話題。

這麼說來，最近成為熱門話題的好萊塢動畫電影，以及日本的魔法少女動畫，好像也都瀰漫著濃厚的同性愛氛圍。

或許在時代的推動之下，《吸血鬼卡蜜拉》會再度引領風潮也說不定。

第43話 那名執事……倔強

屍體僵硬是怎麼一回事？

是指死後經過一段時間，屍體就會僵化的現象。

人類一旦死亡，由於血液循環停止，肉體內部產生各種生物化學變化，於是在死亡兩到三小時之後，會逐漸從腦部、內臟、上下顎、頸部等開始硬化，大約十二小時之後就會擴及全身的關節。

根據死去的人在臨死前的活動狀態和環境溫度，僵硬情況也會有所變化。只要考量這些因素，在某種程度上就可以從屍體僵硬的狀態做出「死亡時間推測」，而這在現代的犯罪搜查中也成了重要的證據。

此外，死亡經過約四十小時之後，屍體僵硬的情況就會解除，那是因為肌肉組織開始崩壞（腐敗），因此在這之後不會再度發生屍體僵硬的情形。

第43話 那名執事……倔強

針灸是什麼？

中醫所使用的治療工具。

中國醫學的基本思想是認為「疾病發生的原因在於『氣』的流動不佳」。

因此，透過刺激人類的經穴，讓「氣」的循環變好，這就是中醫的治療方法。而針灸，就是刺激經穴的工具之一。

據說接受針灸治療後，隨著僵硬的身體變得柔軟，全身上下也會感到溫暖且變得輕鬆。

或許，人類身上還存在著西方醫學尚無法解開的某些謎團吧。

經絡圖的一部分

第43話 那名執事……倔強

「柔術」是什麼樣的格鬥技？

據說是一種日本的傳統武術。

看到田中先生所使出的那記過肩摔，劉說是「Bartitsu」（柔術），亞瑟老師聽了之後則記成了「Baritsu＊」，並在他之後的作品中出現。

所謂的「Bartitsu」，在英國是這樣介紹的：「在日本的柔術中結合棍擊與打擊技的防身術。」

雖然田中先生表現出人意料的一面，不過他使出的恐怕就是正宗日本柔術。而劉則誤解為Bartitsu，接著亞瑟老師又聽錯，後來才會變成Baritsu吧。

柔術的姿勢

＊兩者發音相近，繁體中譯最舊版中並沒有做出區別，皆譯為「柔術」。

第43話 那名執事……倔強

「從惡魔當中分支出來的妖精」是什麼？

就像謝爾少爺那樣。

「妖精」（imp）是指住在英國的森林裡，小至十公分左右，大到人類孩子的大小，全身漆黑，有著尖尖的耳朵與帶勾的尾巴，喜歡惡作劇的小妖精。原本這個單字有「嫁接的樹」的意思，指他們是「從惡魔分支出來的」妖精，不過16世紀開始，他們的分類就不再歸於妖精，而是屬於「小惡魔」了。

從惡魔當中分支出來的可惡小鬼——小妖精，真不愧是亞瑟老師，似乎已經看穿謝爾少爺的本質了呢。

婦女餵食小妖精的木版畫

高級僕人是什麼樣的人？

是宅邸的僕人當中位居管理職的人。

當時英國的上流階級因為僱用了大量的僕人，所以就必須有人代替主人管理所有的僕人。

這些被稱為「總管」或「執事」的「高級僕人」，除了工作能力之外，就連身高、外貌等也備受重視。

他們不但要負責財產管理、接待客人等「宅邸的管理」，還要配合主人的任性、教訓不工作的僕人，並且住在宅邸內二十四小時待命。因為沒有休假日，所以儘管領有高薪，卻是非常辛苦的工作。

錶鍊是什麼東西？

掛懷錶用的鍊子。

錶鍊是用來連接懷錶的鍊子，其中一端是T字型的金屬勾，用來別在背心的釦眼上，把鍊子調整好之後，再將懷錶放進背心的口袋裡。

因為維多利亞女王的丈夫亞伯特親王對於懷錶的鍊子很講究，因此又稱為「亞伯特鍊」，被視為「紳士的時尚」而廣為流行。

錶鍊也會做點變化，例如掛雙重鍊，或是垂掛金屬等等。

錶鍊穿過背心釦眼的樣子

第45話 那名執事……移動

Q 在袖口上記筆記不會很奇怪嗎？

A 在當時的英國，其實算是滿普遍的習慣。

19世紀的英國，除了上流階級之外，一般人並沒有沐浴的習慣，所以襯衫等會接觸肌膚的部分很快就會弄髒。因此，領口跟袖口等特別容易髒污的部分，就以可替換的樣式為主流，而且比現代的還硬挺。

當臨時有需要做紀錄的時候，就會以袖口取代便條紙寫下來，這是相當常見的情形。

英國的片語「off the cuff」，雖然意思是「毫無準備」，不過卻是從「不看事先寫在袖口上的筆記，而是說出當場想到的話」這層意思而來。這也是來自於他們在發表演說前，會先把重點寫在袖口上的這個習慣。

各種形狀的袖口

第45話 那名執事……移動

Q 貝爾教授……是誰啊？

A 亞瑟老師就讀醫學院時的恩師。

約瑟夫·貝爾博士是愛丁堡大學醫學院的外科醫學講師，身形瘦長，有著鷹勾鼻，曾說過「要診斷疾病，必須具備觀察力及推理能力」。對於上門病患的職業或家庭狀況，他光看一眼就能像魔術師一樣推測出來……沒錯，亞瑟·柯南·道爾（Arthur Conan Doyle）創造的世界知名偵探夏洛特·福爾摩斯，就是以這號人物為藍本。

現實中，他也曾在1893年發生的「亞德拉蒙謀殺案」中提供了各方面的協助調查喔。

約瑟夫·貝爾（Joseph Bell）

第45話 那名執事……移動

Q 萊森戲院是哪裡？

A 倫敦具有代表性的劇院之一。

是建造於1756年的音樂廳，遭到火災之後，又再度以歌劇院的形式重建的劇院。

現在仍會上演「獅子王」等音樂劇，是倫敦知名的觀光景點之一。在當時，入口的柱子一帶也常被當作「相約見面的地點」。

此外在這裡登場的羅西尼（Gioachino Antonio Rossini）音樂劇「湖中少女*」，至今仍是在世界各地上演的人氣作品。

* La Donna del Lago，繁體中文漫畫版譯為「湖中美女」。

Q 夏洛特·福爾摩斯是個什麼樣的偵探？

A 世界最有名的私家偵探。

福爾摩斯的肖像（1904 年）
席尼·佩吉特（Sidney Paget）

福爾摩斯是在亞瑟·柯南·道爾的小說中登場，擁有天才的觀察力與推理能力，且個性古怪的名偵探。他住在倫敦的貝克街，跟華生博士一起活躍於19世紀末的舞台，是世界上最有名的虛構人物，共有四部長篇和五十六部短篇故事。

由於角色令人印象深刻，再加上與暴力、色情無關，純粹是動腦的作品，因此被改寫成適合兒童閱讀並予以普及，也是其成功的原因之一。不僅如此，由其他作家創作的諸多衍生作品、電影及電視劇集等，至今仍不斷推出，就連宮崎駿都曾改編為動畫。

至於演過福爾摩斯的演員，則包括傑雷米·布雷特（Jeremy Brett）以及貝錫·拉斯朋（Basil Rathbone）等人，這名字似乎有點耳熟呢……

懷錶的「發條」是什麼？

在尚未有錶冠的時代，用來旋轉發條彈簧的部分。

現代機械式手錶上的「錶冠」是1842年才發明的。在那之前，懷錶都會附上一把專用的「四方形有孔鑰匙」，每天用它來旋轉懷錶背面「發條用開孔」中看得到的「發條齒輪」。

當時的懷錶十分昂貴，若不是貴族根本買不起。換句話說，懷錶就是身分的象徵，而在每天只旋轉一次的情況下，發條開孔的周遭還滿是傷痕，也難怪會被人當成醉鬼了。

懷錶

大豆肉是什麼？

使用「大豆」製作的「替代肉」。

主要的素材就是有「田裡的肉」之稱的大豆。若是經過手藝好的廚師烹調，有時候味道甚至跟一般的肉沒什麼差別。

雖然過去被當成是「假肉」，不過現在則被當成是素食者的烹調食材，除了不能攝取動物性蛋白質的人之外，對於想「減少膽固醇」又要「充分攝取大豆異黃酮」等愛美的人來說，是相當受歡迎的食材。

素食料理中也會使用各種大豆加工食品，看那些下了各種功夫的菜色變化，也是一種樂趣。

大豆的種子

第47話

那名執事……默想

Q 河豚毒素是什麼樣的毒？

A 據說是一種能「造成假死狀態的毒」……

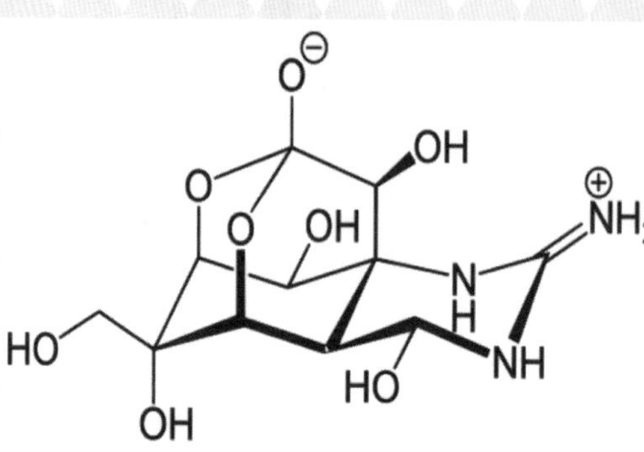

河豚毒素的分子結構

河豚毒素會阻斷神經傳達，停止大腦所發出與呼吸相關的指令，是一種會引起人類呼吸障礙並造成死亡的毒。

這種毒素在經過代謝分解之後會變得無害，在這段期間內，只要利用人工呼吸等方式幫身體補充氧氣，要「復活」是有可能的。

問題在於停止呼吸的這段時間內，大腦皮質的腦細胞會因為缺氧而造成損壞，這麼一來，即使復活也很有可能會變成植物人的狀態。

若從這一點來看，在這部漫畫或《羅密歐與茱麗葉》裡所使用的毒，可能是「即使停止呼吸也不會損害腦細胞」這種有違「科學」現狀的世界所製作的產物，以這樣的假設為前提會比較合理。

Q 可以提供更多關於黑曼巴蛇的知識嗎？

A 據說是全世界奪走最多條人命的蛇。

黑曼巴的「黑」字，乃是出於牠要捕捉獵物而大張嘴巴時，口腔內是全黑的顏色，才因而得名。牠的身體長達二．五公尺，移動速度可以高達時速二十公里，滑行動作相當快。

牠屬肉食性，經常以松鼠或老鼠等動物為食，能夠爬樹，因此也會攻擊鳥巢。由於這種蛇會釋放大量且強烈的神經毒素與心臟毒素，一旦被咬到，如果沒有在二十分鐘之內注射抗毒血清，恐怕就回天乏術了。若要飼育、訓練用來殺人的話，請千萬要小心安全。

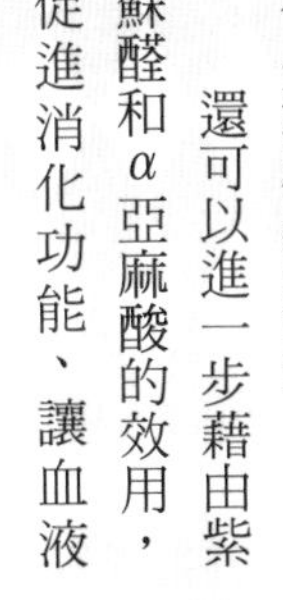

黑曼巴蛇

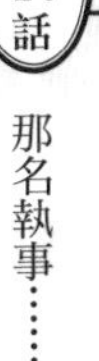

那名執事……默想

Q 紅紫蘇有什麼樣的抗老化效果？

A 似乎內含多種抗氧化物質。

紫蘇中的植物化學成分，包括了類胡蘿蔔素中的β胡蘿蔔素、黃酮類化合物中的木犀草素、花色素苷、迷迭香酸。

這些成分的抗老化效果，可以增強免疫力及抗氧化作用、抗過敏及發炎、提高美肌效果，以及不易形成脂肪等等。

還可以進一步藉由紫蘇醛和α亞麻酸的效用，促進消化功能、讓血液變乾淨等等。請務必試試看。

紫蘇

漫畫單行本所沒有的！
主標、標語解說集 vol.10

第 43 話　那名執事……倔強
刊載於 2010 年 4 月號

主標 繼賽巴斯欽之後又出現第三具屍體 !!
標語 謝爾・凡多姆海伍的優雅休息
毛標 亞瑟能夠解決事件嗎 ?!
解說 獨自佇立窗邊的謝爾少爺。如今賽巴斯欽已經不在了，他必須靠自己解決這起事件。讓人感覺故事將會如此發展的一張扉頁圖。

第 44 話　那名執事……哀號
刊載於 2010 年 5 月號

主標 推理小說家亞瑟開始行動
標語 笨手笨腳的三人組——
毛標 這起事件……登場人物居然有十三個 ?!
解說 扉頁是短暫的休息，畫著日常的三名僕人。過去有著苦衷的三個人，因為賽巴斯欽而得以安穩過日子。這張扉頁就是三人的回憶嗎？

第 45 話　那名執事……移動
刊載於 2010 年 6 月號

主標 劉的預測全都猜中了 ?!
標語 凡多姆海伍家的貓頭鷹 ?!
毛標 牧師的實力如何 ?!
解說 謎樣男子傑雷米登場。光是在暴風雨中出現就已經十分可疑了，看來這男人並非只是個單純的牧師而已。

第 46 話　那名執事……不需
刊載於 2010 年 7 月號

主標 謎樣的牧師傑雷米。他的實力如何？
標語 不被告知的故事。核心揭曉之後，是否就能發現，執著的忠誠心就是最強的武器呢？
毛標 殺死菲爾佩斯的犯人是 ?!
解說 真正的犯人終於揭曉。到底為什麼連賽巴斯欽都要一起殺掉 ?! 令人在意的這一點將在下一回揭曉。還真是會吊人胃口啊。

第 47 話　那名執事……默想
刊載於 2010 年 8 月號

主標 殺死菲爾佩斯的到底是誰 ?!
標語 若能夠確實毀滅他的話，只要是為了主人，執事也會欣然受死
毛標 傑雷米的真面目是賽巴斯欽 ?! 下一回，將要說出真正的事實 ?!
解說 犯人居然是一條蛇……話雖如此，讀者也沒這麼好打發。看來似乎有其他「真相」隱藏在這起事件當中……

Vol. 11

神祕的真相，
以及船上的故事

Outline
故 事 大 要

賽巴斯欽還活著。
他到底是用了什麼樣的手段呢？
賽巴斯欽開始對
寫書的青年說出事情始末。

那位青年感受到賽巴斯欽所散發的驚人氣息，
因過於恐懼而逃之夭夭。

後來，他雖然將那一夜的故事寫了下來，
但終究沒能問世。

因為那是僅藏於他心中的「祕密」。

而故事繼續推移，舞台來到了船上。
隨著事件發展的氣息，
船隻也慢慢地開動了……

第48話

那名執事……解答

Q 「利用橡膠面具變裝」真的可以瞞過別人嗎？

A 
若是在19世紀，又是在室內的話，是很有可能做到。

戴著政治人物的面具出門參加集會的人們
（2008 年美國共和黨大會）

將變裝用的面具啪地撕下來後，便露出真正的面貌，這是電影經常上演的一幕，也是大家很想嘗試看看的事。

在現代，橡膠製的面具看起來可能很假，但這可是在19世紀的英國。眾人處於異常的心理狀態之下，又是在雨天昏暗的室內，只能用蠟燭的光線來照明，所以並沒有那麼容易可以看穿。

在21世紀，則是用精密度更高的「矽膠面具」來變裝。

話雖如此，以當時的面具製作技術來說，真的可以一次騙過這麼多人嗎？儘管不少人會有這樣的疑問，不過關於這點，身為凡多姆海伍家的執事，怎麼可以連這種小事都辦不到呢？

第48話

那名執事……解答

日光浴室是什麼樣的房間？

有大片玻璃窗，且能充分照到日光的起居室。

本來是從溫室發展而來，連牆壁與天花板都是用玻璃窗，做大膽採光設計的起居室。

與溫室不同的是，日光浴室是生活空間，可以邊欣賞植物邊商談事情，或是用來進行創作（有時也可當作幽會場所，有時更可以作為發表謀殺案真相的地方）。由於英國的緯度偏高，冬天多為陰天且日照時間短，因此對於「太陽」十分嚮往，而這似乎也成了他們蓋日光浴室的動機。

日光浴室

第48話

那名執事……解答

「事實上還活著」的設定是怎麼回事？

這似乎也是始於亞瑟老師，才在全世界廣為流傳的。

近代，夏洛克·福爾摩斯在《最後一案》中，跟他的宿敵莫里亞蒂雙雙墜落瀑布，這麼一來應該是死了。但為了回應讀者希望福爾摩斯的故事繼續下去的要求，於是便以「事實上他還活著」的設定讓他復活，對廣大讀者造成了衝擊。

在這之後，全世界有數不清的故事也都用了這樣的設定。亞瑟老師身為作家的慾望與才華，確實非常驚人。

「莫里亞蒂之死」
席尼·佩吉特

那名執事……奇特

Q 亞瑟老師的下一部作品是什麼樣的故事？

A 夏洛克・福爾摩斯的短篇系列。

福爾摩斯最早的長篇故事雖然沒有人氣，但從之後的短篇系列開始，就在全世界大受歡迎。

福爾摩斯裡的角色和長篇那時相比起來，更加富有魅力，例如有位名為「愛琳」的美女演員登場，以及毒蛇引發的謀殺案等等，故事充滿引人入勝的謎團，一則接一則地展開。

亞瑟老師成為人氣作家後，也如願地寫了歷史故事及科幻小說等等，然而他晚年似乎迷上了「不存在的世界」，成為英國心靈主義（Spiritualism）的創始先驅之一。

那麼，使他變得如此的契機到底是什麼呢？這點無論是我們或謝爾少爺都怎麼想也想不透呢。

1914年6月1日的柯南・道爾

Q　蝴蝶效應理論是什麼？

A　**指一件小事後來會造成極大的影響。**

「蝴蝶效應」是出自20世紀的氣象學家愛德華·羅倫茲（Edward Lorenz）曾在演講中說過的話：「一隻蝴蝶在巴西輕拍翅膀，會導致美國德州發生一場龍捲風。」

這段話的意思是「初期的細微現象，在之後會往意想不到的方向發展，引發巨大的變動」。

在這裡則是顯示出維多利亞女王的特殊能力，在「將來即將成為英國的威脅」還在「拍動翅膀的階段」，就能看出來了。

話雖如此，「未來很可能對自己造成傷害的人，在什麼都還沒做之前就先殺了他」，人類這種生物，跟惡魔也很像啊。

Q　「代罪羔羊」是什麼意思？

A　**「把其他人當成祭品，讓他出來扛下罪責」的意思。**

「代罪羔羊」原本指的是「贖罪日那天，背負著人們的罪惡，被放逐到荒野的山羊」。

後來轉變為「原本應該無罪的人，卻成了其他人的替代品，背負著他人的罪責」這樣的意思。

這是基於人類充滿惡意的想法所造成的行為，不過原本該受罰的人，當然不會就這麼逃過一劫。

若是連靈魂深處都被罪惡所污染，想必也會嚐到相應的苦果吧。

「替罪羊」（The Scapegoat，1854）
威廉·霍爾曼·亨特（William Holman Hunt）

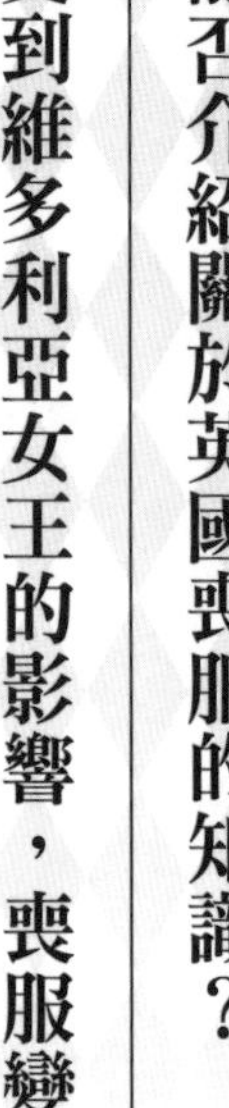

Q 能否介紹關於英國喪服的知識？

A 受到維多利亞女王的影響，喪服變成「黑色」。

以英國而言，喪服是傳統的「白色」。然而，維多利亞女王的夫君亞伯特親王在1861年過世之後，她在服喪期間都穿著「黑色」的禮服。

後來，英國「穿黑色喪服」就變得很普遍。由於英國文化的影響力，也將這種習慣傳到日本，甚至是世界各地。

此外，以男性來說，只要穿的是黑色西裝就能夠出席葬禮。但以女性而言，卻有「出席葬禮必須穿一套全新的喪服」這種習俗。這似乎也是因為「事先準備好」這種事，以日本來說的話就是「不吉利」，並以此為忌諱的關係。

凱薩琳・德・麥地奇（Catherine de Médicis）

凱曼達島是什麼樣的地方？

位於巴西的無人島，是一座「滿是蛇的島嶼」。

這座凱曼達島（Ilha de Queimada Grande）是位於聖保羅市沿海三十公里外的無人島，被稱為「滿是蛇的島嶼」，除了金矛頭蝮等毒蛇之外，其他陸地生物幾乎都滅絕了，是座特殊的島嶼。

此外，這座島上金矛頭蝮蛇的毒性比一般大陸上同種類的蛇高出五倍，而且這種蛇還進化成可以爬樹。

為了從這種金矛頭蝮蛇的毒液中抽取出血栓溶解劑，據說近年來盜獵者絡繹不絕地出現。人類實在是比蛇還要可怕的生物。

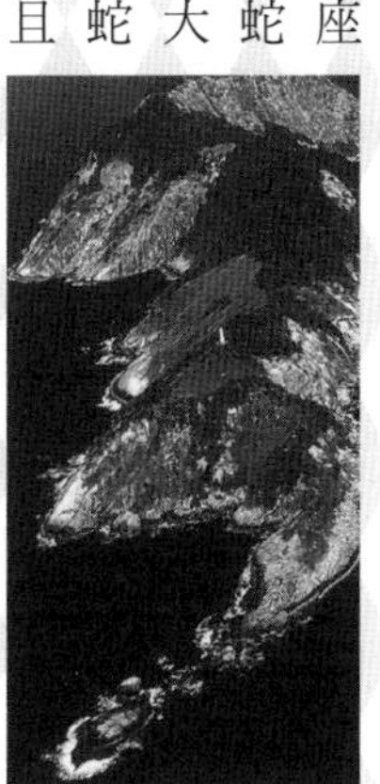

凱曼達島

那名執事……埋葬

安全棺材是什麼？

可以告知外界棺內的人復活的棺材。

當時英國的習俗是土葬，那個年代對於醫學上的「死亡認定」尚不明確，所以最可怕的事之一就是「還活著就被下葬了」。

因此，「被當成遺體埋葬後，為了以防萬一清醒過來，於是棺材內便設有通知外界的機關」——這樣的棺木被製作出來，並且稱為「安全棺材」。

不過到現在為止，似乎還沒有人因為這種機關而得救。究竟是沒有人復活呢？還是安全棺材故障了呢……

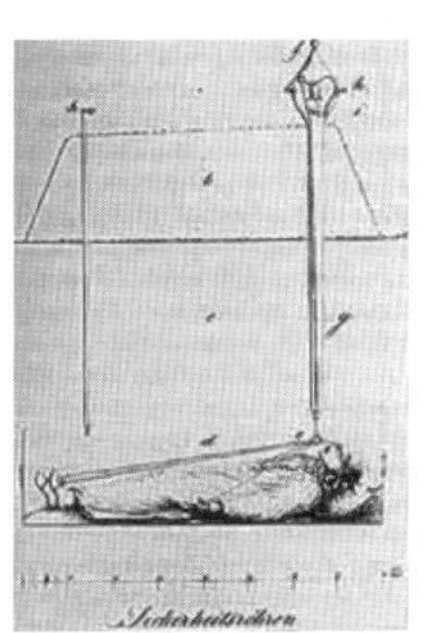

安全棺材的設計圖（1829 年）

第51話 那名執事……出港

Q 19世紀的豪華客船之旅很優雅嗎？

A 比起優雅，更重視的是速度。

獲得藍絲帶獎的日耳曼尼克號

19世紀的豪華客船之旅，最重視的就是能盡早抵達目的地。因此會毫無節制地燃燒昂貴的燃油以加快船速，搭船費用相對地也就很高。

能夠以最快速度橫越大西洋的客船，可以獲頒「藍絲帶獎」。而為了獲得這個獎項，歐美地區持續不斷地投注資金和技術，以求打造出最快的船。為了提升速度，船上不會擺設沉重的用品及裝潢，會使用電燈以避免船上發生火災，為了不讓食物因長時間航行而腐壞，於是比陸地上更早開始使用冷凍設備。

要像現代這樣優雅地享受客船之旅，是在20世紀之後的事了。

Q 男僕是什麼？

A 男性的隨身僕人。

僱用男僕（footman）比起僱用女僕的花費還要高，是展示主人財力的象徵。

因為男僕存在的目的是向客人炫耀，因此年輕且個子高的美男子就相當搶手。

此外，男僕的傳統制服是穿著及膝短褲和長筒襪，因此腿部的線條漂亮與否也很重要。

由於是直接在執事的手底下工作，因此在從事多年的男僕工作之後，也可能升遷成為執事，或是在執事不在時代為執行工作。

男僕陶瓷人偶，擺出能呈現腿部線條之美的姿勢

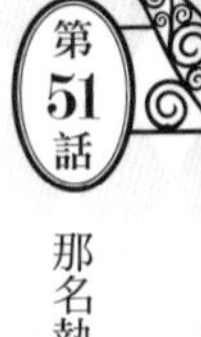
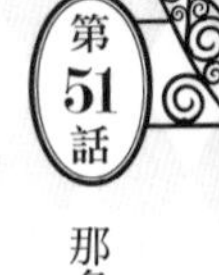

第51話 那名執事……出港

Q 奧羅拉（Aurora＊）是指什麼？

A 是黎明女神的名字。

奧羅拉是羅馬神話中的黎明女神，一般認為就是希臘神話裡的厄俄斯（Eos）。

她象徵著知性的光芒與創造性的光輝，而曉（Aurora）學會藉由人體實驗勉強算成功地讓死者復生，因此奧羅拉應該是很適合作為代表的女神。

應該有部分讀者也察覺到了，因為奧羅拉所代表的意義，也成為極光（aurora）這個單字的語源。

1693 年完成的奧羅拉雕像

＊「曉學會」的日文發音。

Q 能否介紹不死鳥（鳳凰）的相關知識？

A 不死鳥是傳說中的鳥。

自行起火燃燒的不死鳥

不死鳥是在世界各地的傳說中都出現過的虛構之鳥，別名是鳳凰。據說不死鳥的眼淚有療效，只要喝了牠的血就會長生不死，因此曉學會拿來作為標誌也就不難理解了。

至於為什麼鳳凰會適合曉學會，那是因為不死鳥的壽命雖然很長，但每隔幾百年還是會走向生命終點。這時，牠們就會用散發香氣的樹枝築巢，再以自己的體溫將巢點燃，在火裡燃燒殆盡。接著在灰燼之中變成灰色的幼鳥重新復活，因此才有不死鳥之稱。

不死鳥的外型跟老鷹或鷲等猛禽類很相近，一般認為都是雄性。此外還有個民間傳說，認為牠是在西元34年出現在埃及的。

Q 多爾伊特子爵所說的頹廢感是什麼意思？

A 指的是頹廢風格的藝術。

「頹廢風」或稱為「頹廢派」，是19世紀歐洲文藝復興運動的其中一派。

這種藝術將世紀末常見的人類醜惡面作為觀察重點，從悖離道德又不健全的狀態中感受到頹廢之美。

原本這是批判家們用以表示輕蔑的詞彙，不過漸漸地被當作引以為傲的象徵。

奧伯利・比亞茲萊（Aubrey Beardsley）所繪的頹廢風格畫作「莎樂美」

謝爾少爺以眼罩遮住一隻眼睛，讓多爾伊特子爵認為是種頹廢藝術，並由衷地表示讚賞。

第52話 那名執事……航行

Q 羅納德所喝的麥芽啤酒是什麼酒？

A 歐洲一般人常喝的酒。

麥芽啤酒是歐洲自古以來人們常喝的啤酒。當時在英國，葡萄酒或香檳是被貴族獨佔的飲品，平民可以喝的酒就是麥芽啤酒。

麥芽啤酒的口感溫潤細膩，帶有甜味，酒精濃度也不高，就算是不愛喝啤酒的人也很容易入口。

只不過，如果已經習慣喝日本啤酒的話，可能就不覺得它好喝了吧。

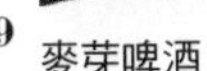

麥芽啤酒

漫畫單行本所沒有的！
主標、標語解說集 vol.11

第 48 話　那名執事……解答
刊載於 2010 年 9 月號

主標 還活著的賽巴斯欽 !!
標語 最棒的演技，還能徹底扮成另一個人——
尾標 殺了賽巴斯欽的犯人是格雷伯爵 !!
解說 賽巴斯欽果然沒那麼簡單就被殺死。從謝爾少爺與賽巴斯欽口中緩緩說出這次事件的真相……

第 49 話　那名執事……奇特
刊載於 2010 年 10 月號

主標 執事說明事件背後的真相
標語 始於死者，終於勝者
尾標 某個小說家就這樣隱瞞了真相，繼續寫著那部作品……
解說 知道了真相的小說家，也知道了賽巴斯欽的真面目，恐懼似乎成為他的原動力，作為下一部作品的糧食。

第 50 話　那名執事……埋葬
刊載於 2010 年 11 月號

主標 還以為事件都解決時……
標語 我，靠著右眼說謊
尾標 下一回，進入新篇章 !!
解說 第一個犯人——蛇，是馬戲團成員之一的 SNAKE 所操縱的蛇。謝爾少爺用了動人的話術讓這名男子成為自己的僕人。哎呀呀，真是位可怕的少爺呢……

第 51 話　那名執事……出港
刊載於 2010 年 12 月號

主標 被栽贓為殺人犯的烏多利將會如何？
標語 神聖之夜，華麗的祕密活動 ?!
尾標 死神派遣協會的派遣人員羅納德．諾克斯登場 !!
解說 本回的扉頁是聖誕節風格。所有人都以聖誕節裝扮登場，將主線故事的嚴肅氣氛一掃而空，是很溫暖的一張圖。

第 52 話　那名執事……航行
刊載於 2011 年 1 月號

主標 這次的舞台是豪華客船
標語 全員成為男僕——
尾標 下一回，封面登場 !!
解說 這一回的扉頁是新的僕人 SNAKE。這次的船上篇能不能看到他活躍其中呢？非常令人期待呢。

Vol. 12

死者復活之謎
與「曉學會」

Outline
故 事 大 要

謝爾接獲消息，
某個醫院為了做死人復活的實驗，
大量購買了奴隸。

以該醫院院長為首的高層幹部，
打算在豪華客船坎帕尼亞號上
舉辦「曉學會」的聚會。

到底在那裡舉行的是什麼活動呢？
死者復活這件事
究竟是不是真的呢？

這艘船上還出現了死神，
看來局勢似乎會更加混亂。

Q 可否詳細說明與殭屍相關的知識？

A 是只有屍體復活的人。

聚集成群的殭屍

在名為巫毒教的一種西非民間信仰中，稱呼神為「恩贊比」（Nzambi），殭屍（Zombie）一詞便是由此而來。

至於殭屍的製作方法，祭司要從墳墓中挖出還沒開始腐敗的屍體，透過反覆呼喚此人的姓名，讓屍體直接復活。據說還有另一種方式，就是使用一種可以讓人進入假死狀態的毒藥，名為殭屍粉。

進入假死狀態之後，腦部就會缺氧而造成大腦損害，成為一個沒有自我意識的人類，也就是完全成為殭屍了。使用殭屍粉算是刑罰的一種，目的是不讓那個人轉世，讓他在死亡狀態下成為永遠不斷工作的奴隸。

所謂的殭屍，與其說是會攻擊人類的怪物，事實上更像是任人擺布的存在呢。

Q 英國紳士是什麼樣的人呢？

A 行為舉止都足以稱為全世界男人模範的一種存在。

未來的英國紳士

所謂的紳士，是指高雅有禮、教養又好的男性。而其中的英國紳士，更是值得他人學習。

「貴族義務」乃是指高貴之人有其應實行的義務，例如發生戰爭時要率先前往戰場、要擔任維持治安的治安法官之下級法官而不收取報酬，還要時時謹記一舉一動都要對地方有所貢獻。

此外，紳士對待女性的態度也被要求要彬彬有禮。除了不可以輕易開口對女性評頭論足，就連隔窗找女性說話也不是紳士該有的行為。

關於金錢方面，不可以向他人炫耀自己的財富，至於借錢等行為更是不用說。

這樣的人會相當尊重他人，同時也能贏得他人的尊敬。

第54話

那名執事……無雙

Q 迴轉式蒸氣機是什麼？

A 20世紀前期所使用的引擎。

說得太詳細其實就不有趣了，總之在日本的稱呼就是「往復式引擎」，是藉由焚燒木炭、石炭、石油等燃料所產生的水蒸氣來驅動的引擎。

直到20世紀前半期，包括大型船隻在內，飛機、鐵路車輛等交通工具的驅動，使用的蒸氣引擎都還是以迴轉式蒸氣機為主流。而在現代，無論是船隻、飛機或鐵路車輛，似乎都已經採用別種方式。船隻已經進化為渦輪發動機，飛機是噴射引擎，鐵路車輛則是利用電機引擎。

船隻的蒸氣機

第55話

那名執事……徒勞

Q 歐西里斯是什麼？

A 是埃及神話中死後世界之神。

歐西里斯（Osiris）是古埃及神話中的九柱神之一。

這位神祇能帶來豐收，教導人民製作麵包及葡萄酒，並制訂法律，十分受到人民的支持。

可是他也有很天兵的一面，例如他的弟弟賽特（Seth）嫉妒他，買了量身訂做的棺材送給歐西里斯，歐西里斯很喜歡，還躺了進去，結果就被蓋上棺蓋丟進尼羅河中殺害。後來這位神祇就以木乃伊的姿態復活，成為冥界之王。

冥界之王歐西里斯

Q 能否說說關於騎士道的知識？

A 
就是騎士階級所規範的美德。

在騎士道確立之前，騎士是一種擁有武力，卻做盡背叛、掠奪等各種殘酷行為的野蠻之人。為了制止這一切而產生的倫理規範，就是騎士道。

騎士道尊崇無私的勇氣，並且讚揚溫柔與慈悲之心。包括盡忠尚武、實踐貴族義務、保護弱者、謹守基督教的信仰等等，這些都被視為美德。

女士優先的精神，則是他們出入宮廷時，從騎士道精神所衍生出來的禮儀。他們也擁有騎士十戒，武術、勇氣、高潔、誠實、寬容、信念、親切、崇高的行為等等，都歸屬其中。

其他還有清貧、不吝嗇，在騎士道中也都是美德。

騎士冊封圖

第55話

那名執事……徒勞

Q 撞擊冰山之後會怎麼樣呢？

A 若是船隻撞擊冰山，將會造成極大的災難。

鐵達尼號撞上的冰山

號稱不會沉沒的鐵達尼號之所以會沉船，就是因為撞擊了冰山。即使是從現存的鐵達尼號設計圖及其構造來看，若只是受到一點小損傷的話，絕對不會沉沒，可說是一艘在安全措施上下了功夫，夠資格號稱「不沉」的船。

冰山最可怕之處，在於露出海面的其實只是整座冰山的一小部分，事實上有百分之九十的冰山都藏在海面下。因此，要從它露出海面的部分來推測整座冰山的大小其實很困難。之所以有「冰山一角」這句話，也是由此而來。

北大西洋有許多冰山監視機構，目前仍在對冰山進行監視。而藉由無線電聯絡及目測監視，都是不可或缺的一環。

可否說明關於水密門的知識？

為了不使船艙進水，只要關上就能阻擋水流的門。

名稱上，我們就稱之為水密門。

多數的大型船隻會劃分為好幾個區域，即使其中一部分有破洞，只要關上水密門就能防止其他的區域跟著進水，降低沉船的風險。

水壓越高，水密門的門與門框就會越密合，是水密性極佳的構造。

許多大型船隻可以遠端操控，從掌舵室或艦橋來關閉水密門，另外也有只要浸水超過十五公分就會自動關閉的水密門。

水密門

沙多克里夫與羅納德擺的是什麼姿勢？

坎帕尼亞號都已經面臨沉船危機了，這兩個死神還在演1997年全球上映的電影「鐵達尼號」中著名的一幕。男女主角享受著順風而行的航程所擺出來的姿勢，是這部電影極具象徵性的一幕。

電影上映時，有很多情侶搭船時會模仿這一幕。

順帶一提，羅納德所扮演的角色是李奧納多·狄卡皮歐所飾演，沙多克里夫扮演的角色則是由凱特·溫絲蕾演出。

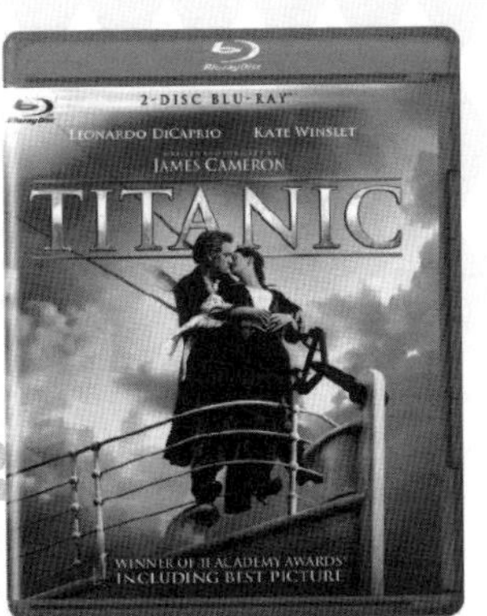

鐵達尼號
發行商：二十世紀福斯影片公司

凡多姆海伍家的工作

眾所皆知，凡多姆海伍家分為「表面上」與「檯面下」兩個面貌。也就是身為大型集團企業的「表面」，以及「解決女王煩惱」的「另一面」。

表面上

大型集團企業

甜點	因為有講究甜點的謝爾少爺緊盯，非常成功！
玩具	在貪玩遊戲的謝爾少爺控管之下，非常成功！
雨具	有一淋雨就會感冒的謝爾少爺嚴格把關，非常成功！
香水	透過女演員愛琳·迪亞斯的使用並宣傳，非常成功！
食品	「用巧克力來提味的咖哩麵包」即將發售？肯定會非常成功！
防衛	在巴爾德的建議下，現階段應該可以量產格林機槍。

效用

「賺錢的頂尖企業」所帶來的社會地位與人脈，在檯面下可以善加利用。

在維多利亞女王統治前後共六十三年的時間，大英帝國發展為全世界最強大的國家。
除了因為維多利亞女王無人可比的領導能力，以及英國工業革命及殖民地經營的成功等主因之外，一般認為和她維護英國的治安，並且善用人手，在他人打算與英國為敵的醞釀時期就徹底斬草除根有關。

凡多姆海伍家有何優勢？

利用知名的「貴族」身分

貴族這樣的地位，以及上流階級的奢華生活，在英國社會毫無來由地備受尊崇。若不是貴族，一般人根本不可能邀請重要人物來參加正式餐會。

利用謝爾少爺的「少年」身分

就算007再怎麼能幹，若無法化身為「少年」，就不可能潛入寄宿學校進行調查。因此，只有「少年」才可以辦到的活躍場面，確實是令人期待的。

非法檯面下的工作

女王的命令 → **女王的看門狗**

貴族的地位
報酬 → **邪惡的貴族**

比較難理解的是，女王陛下所下達的命令也有「普通人根本辦不到的工作」，而且提出要求時，還一副謝爾理所當然可以完成任務的樣子。從「葬儀社」的言行舉止看來，凡多姆海伍家似乎從很久之前就與「不屬於這世界的人」有所牽扯，真相到底如何呢……

效用

將從黑社會獲得的人脈與情報，
在檯面上善加利用。

漫畫單行本所沒有的！
主標、標語解說集 vol.12

第 53 話　那名執事……亂鬥
刊載於 2011 年 2 月號

主標 對復活的屍體感到疑惑的兩人
標語 今晚遇上首度見識到的對手——
毛標 下一回，極度恐慌 ?!
解說 終於連殭屍都出現了。眼前是不管怎麼殺都殺不死的對手，賽巴斯欽等人到底該怎麼繼續作戰呢？

第 54 話　那名執事……無雙
刊載於 2011 年 3 月號

主標 曉學會帶來的大量棺木，裡面裝的是 ?!
標語 來吧，起舞吧！嘲弄地……戰慄地……現在的你，就是如此美麗——
毛標 已經太遲了……十倍之多的那些東西開始活動，船上將會如何 ?!
解說 光從副標題似乎就能預測故事的發展呢。就算是殭屍，在惡魔執事賽巴斯欽面前也威風不起來。

第 55 話　那名執事……徒勞
刊載於 2011 年 4 月號

主標 那些東西已經在船上了 ?!
標語 狩獵時必須冷酷且聰明 !!
毛標 反省處分結束後，紅執事終於出動 !!
解說 將處理殭屍稱為「狩獵」，賽巴斯欽一行人有多恐怖可見一斑。嗯……莫非跟紅執事……

第 56 話　那名執事……預估
刊載於 2011 年 5 月號

主標 失去舵手後撞擊冰山的豪華客船
標語 好久不見，DEATH ★
毛標 這個月一口氣刊登兩回。接著請前往 P451!!
解說 不需要多說什麼了吧？光看這段挑釁的話，什麼人帶著什麼樣的情緒登場，全都一目瞭然啊。

第 57 話　那名執事……苦鬥
刊載於 2011 年 6 月號

主標 船艙進水和會動的屍體讓整艘船陷入嚴重恐慌 !!
標語 就是不能放開這個人
毛標 終於 !! 為了愛而捨棄可愛
解說 一定要守護莉西。謝爾少爺展現了男子氣概，不過某種程度上比他更有「氣概」的伊莉莎白小姐，展現了真正的實力。

曉學會的真相&
葬儀社的真正面貌

Outline
故 事 大 要

船上的宴會持續進行中。

在伊莉莎白解決了命在旦夕的危機後，
謝爾成功地逃走。

伊莉莎白坦言自己為何如此強大，
與謝爾之間的羈絆又更加深一層。

再往深處探索，
終於發現「曉學會」的祕密。

這次事件的真相與黑幕，
是那位放棄死神職務的
葬儀社所搞的鬼。

面對如此強大的他，
賽巴斯欽將如何應付呢？

第58話 那名執事……手刀

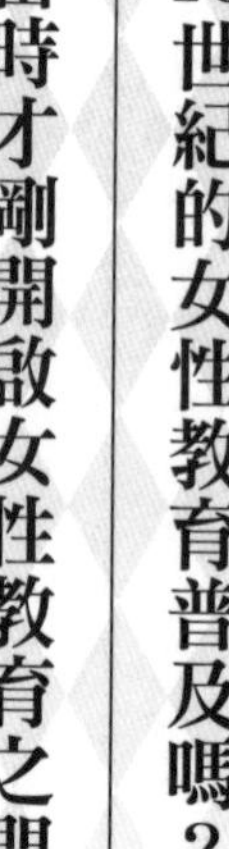

Q 19世紀的女性教育普及嗎？

A 當時才剛開啟女性教育之門而已。

19世紀的女性教育，特別是高等教育的大門才剛開啟一部分而已。當時的女性教育備受輕視，甚至有知識分子直言，沒有比女性受教育還野蠻的風氣了。

女性的高等教育一直都沒有進展，在1841年的英國，女性進入倫敦大學甚至必須取得許可。當時的女性教育，都是教導女性成為好妻子的實用教育。

上流階級的女性為了成為淑女，通常都會在家中跟家庭教師學習如何服從家庭方針，以及在沙龍或宴會上的言行舉止，還有閱讀等「淑女教育」。

勞工階級的女性教育則由慈善家贊助，讓女性學習閱讀及編織等生活知識，以成為僕人的教育為主。

女性教育中允許學習鋼琴

Q 鵝媽媽童謠是什麼？

A 英美地區耳熟能詳的民間童謠。

鵝媽媽童謠（Nursery Rhymes）是以英美地區為主，人人耳熟能詳的民間童謠。

只是在英國，比起Mother Goose 這個名稱，Nursery Rhymes 是比較普遍使用的稱呼。雖然並沒有非常嚴謹的區隔，但 Mother Goose 只用在民間流傳的童謠，相對之下，Nursery Rhymes 則是指包含了新式童謠在內的所有童謠。

自從1824年蘇格蘭的雜誌使用了 Nursery Rhymes 一詞之後，就一直沿用至今，是比較新的名稱。

收錄在《Nursery Rhymes》的童謠

第58話 那名執事……手刀

Q 真的有男性用的高跟鞋嗎？

A 從西元前就已經存在了。

西元前四百年在希臘就已經有男用高跟鞋，像謝爾少爺那樣被視為穿上之後可以讓身高變高的工具，非常流行。

此外，在中世紀的法國，由於當時的時尚教主路易十四也穿男用高跟鞋，因此又再度流行起來。

不過，與其說中世紀法國的男用高跟鞋是增加身高的配件，倒不如說他們更注重穿起來能否讓腿部的線條變美。

另外做個小補充，紅色高跟鞋是只有國王才能穿的顏色。

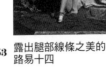

露出腿部線條之美的路易十四

龐貝是什麼地方？

曾經存在於義大利的都市。

龐貝是位於義大利拿坡里近郊地區的古城，它不算是一個帝國，將之視為商業都市會比較正確。

西元79年，因為維蘇威火山大爆發，龐貝被火山灰掩埋在地底下。

由於火山爆發時會噴發有毒的氣體，使得許多居民根本來不及逃跑就這樣犧牲了，約兩萬人口的都市在一夕之間成為一座死城。

18世紀開始進行正式的挖掘調查，目前主要的部分已開放給一般民眾參觀，也被列為聯合國的世界遺產。

以石膏重現的
龐貝城居民遺體

那名執事……妥協

雄性知更鳥是什麼？

鵝媽媽童謠的其中一首。

雄性知更鳥（Cock Robin）的童謠，在《鵝媽媽童謠集》中是由特別長的十四節所組成，至於是誰或何時所作的童謠，目前不詳。這首童謠的標題為〈誰殺了知更鳥？〉（Who killed Cock Robin?），正如其名，內容是在描述知更鳥從死亡到葬禮的故事。

此外，知更鳥是非常可愛的小鳥，學名歐亞鴝，也是英國的國鳥。通曉文學、繪畫的多爾伊特子爵，拿鵝媽媽童謠裡的雄性知更鳥來做比喻，算是取笑個子矮的謝爾少爺的黑色幽默吧。

知更鳥

Q 皇帝尼祿是什麼樣的人？

A 羅馬帝國的第五代皇帝。

皇帝尼祿的全名是尼祿・克勞狄烏斯・凱薩・奧古斯都・日耳曼尼庫斯（Nero Claudius Caesar Augustus Germanicus），是個名字長到讓人發昏的人物，也是惡名昭彰的暴君。此外，他也以喜愛藝術聞名，也難怪多爾伊特子爵會拿來與自己相提並論。皇帝尼祿在羅馬大火這起前所未見的大火災之後，花費鉅資打造了金宮（Domus Aurea），過著放浪奢華的生活。

最後因為轄地起兵叛變，元老院裡應外合，做出了他是「人民公敵」的決議，迫使皇帝尼祿逃走，在避居的房子裡自殺身亡。

金宮遺跡

Q 卒塔婆是什麼？

A 模仿舍利寶塔外型的木板。

卒塔婆（thupa）原本意指「墳墓」或「遺骨」，是來自於梵語中的佛塔（stupa）。

在日本，為了供養死去的人，通常會在墳墓前豎立卒塔婆，在納骨之前進行卒塔婆供養，隨著法事的舉行次數來增加卒塔婆的數量。

其外型神似五輪塔，從上至下的形狀各代表風、火、水、地。

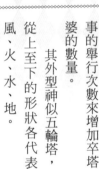

日本從平安時代末期便開始使用，是維持了很長一段時間的傳統。

叡尊寺的五輪塔

第60話

那名執事……動搖

Q 燐光是什麼？

A 物質會發光的現象。

燐光就是物質發光的現象。

打開日光燈的電源，電磁波受到照射就會發出光線。而電磁波激發停止後仍會短暫地發光，這就稱為「螢光」。

另一方面，與螢光相較之下，發光狀態持續較久的就稱為「燐光」。

燐光技術之所以受到重視，是因為運用在有機發光二極體（OLED）中能夠有效率地發光。目前是正在研究中的素材。

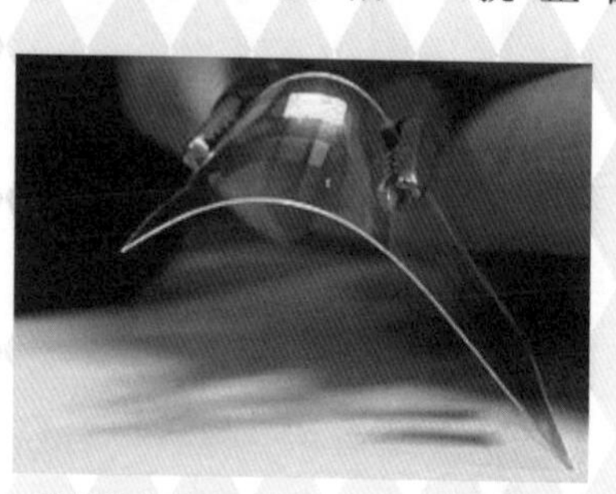

發出燐光的 OLED

第60話

那名執事……動搖

Q 卓別林是誰？

A 擁有喜劇之王稱號的電影演員。

卓別林的全名為查爾斯・史賓賽・「查理」・卓別林（Charles Spencer "Charlie" Chaplin），是20世紀最具代表性的喜劇演員，也是電影演員和導演。他因為幽默的演技而大受歡迎，在表演中加入尖銳的社會諷刺與嘲弄，是其他喜劇演員難以望其項背的天才。

葬儀社所模仿的打扮，是卓別林很經典的角色「小流浪漢」的造型。他在日本也是很受歡迎的知名人物，還曾僱用一位名叫高野虎市的日本祕書。

電影「孤兒流浪記」劇照
左：卓別林

Q 能否說說有關英國沐浴方面的知識？

A 在英國，公共澡堂是很普遍的。

英國發明的淋浴

19世紀的英國，為了預防傳染病散播，會強制貧民階層去公共澡堂。

但是，在公共澡堂沐浴反而會有感染傳染病的疑慮，因此逐漸演變成在自己家裡設置淋浴設備的時代。

另一方面，貴族泡澡象徵了奢華的享受。他們不像日本這樣一邊煮水一邊泡澡，必須有人將洗澡水加熱之後，再倒入浴缸裡。因此也只有貴族階級才能夠在溫暖的浴缸裡沐浴。

不過貴族也並不是每天都會洗澡，浴室稱得上是奢侈的空間。

直到19世紀後期，英國發明了淋浴，由於不用花太多時間就可以做簡單清潔，所以在一般市民之間才漸漸普及。

漫畫單行本所沒有的！
主標、標語解說集

vol.13

第 58 話　那名執事……手刀

刊載於 2011 年 7 月號

主標　這是某位女性她女兒的故事……

標語　為了被愛而柔弱，為了守護而堅強，全都是為了待在你身邊

尾標　先抓到利安的人是克雷爾 !!

解說　扉頁是伊莉莎白小姐可愛的模樣。不過，擁有這麼可愛的外表，內在卻是非常堅強呢。

第 59 話　那名執事……妥協

刊載於 2011 年 8 月號

主標　即將沉沒的豪華客船上面有著什麼？

標語　如果是總有一天要沉沒消逝的命運，那就直到水底，直到最後一刻——

尾標　卒塔婆，閃現 !! 下一回，封面彩頁 !!

解說　逐漸沉沒的豪華客船。扉頁上的賽巴斯欽也同樣往下沉。到底在他沉沒之前，能否達成任務呢？

第 60 話　那名執事……動搖

刊載於 2011 年 9 月號

主標　紀念連載六十回的封面彩頁 !!

標語　生者、死者、非人之人，曖昧模糊的天空與海之間的縫隙——

尾標　惡魔・死神 × 2・前死神，戰鬥的結果是？

解說　終於在封面彩頁上露臉的葬儀社隆重登場。有種他即將成為巨大威脅的預感呢。

第 61 話　那名執事……誕生

刊載於 2011 年 10 月號

主標　四人的三方戰爭開始 !!

標語　Drastic Bitter Step

尾標　惡魔的走馬燈靜靜地開始播放邂逅的故事 ?!

解說　只畫了死神們下半身的扉頁。仔細看看，每個人的腳都在彼此角力著。是確實展現了三人關係的有趣構圖。

第 62 話　那名執事……成長

刊載於 2011 年 11 月號

主標　召喚惡魔的人是？

標語　若你許願，我就包容你……在伸出爪子的狀態下——

尾標　於是執事的夜晚更加漫長了……

解說　講述了召喚賽巴斯欽當時的故事。扉頁上是遮住謝爾視野的賽巴斯欽，讓人感覺主從的關係完全逆轉。

兩人的邂逅，
船上之戰的結果

Outline
故 事 大 要

藉由葬儀社之手，
賽巴斯欽與謝爾相識以來的回憶
猶如走馬燈般一一重現。

為什麼賽巴斯欽會在謝爾身邊
如此地盡忠職守呢？

在那之後，傷痕累累的
賽巴斯欽
在謝爾的命令之下擊退了死神們。

就如同客船的沉沒，
葬儀社也消失在黑暗之中。

激戰之後，謝爾與賽巴斯欽
是否也有預感未來的日子不平靜了呢……

第63話

那名執事……修行

Q 能否說明關於貴族子弟所受的教育學程？

A 要進入全住宿制的學校努力向學。

伊頓公學的聖堂

貴族子弟自年幼起就要在家接受家庭教師一對一的指導，到了十三歲左右，就要進入全住宿制的學校。因為學費非常昂貴，只有經濟寬裕的貴族，或是能通過高難度試題測驗的優秀人才，才能夠進入全住宿制的學校就讀。

課程內容包括學習英語、拉丁語、數學、歷史、地理、法語、化學、生物、物理，其他還有美術、戲劇、音樂、木工、銀飾雕刻等等。宿舍被稱為HOUSE，所有學生都要在宿舍一起生活。

多數的畢業生都能升學就讀英國的大學名校，被稱為菁英人士，成為有資格扛起國家重擔的人。以前只限男孩可以入學，近年來逐漸改制成男女合校。

Q 特別敘勳儀式是什麼？

A 臨時舉行的敘勳儀式。

敘勳儀式的舉行日期和時間是固定的，但維多利亞女王為了謝爾少爺的回歸，舉行了特別敘勳儀式。

　謝爾少爺從這時才正式獲得伯爵的地位，而這個「伯爵封號」的爵位還能夠獲得領地。

　也就是說，謝爾少爺從上一代手中繼承凡多姆海伍家治理下的領地及財產一事，獲得了維多利亞女王的正式承認。

　在女王尚未正式承認之前，若用謝爾少爺的話來說，就是「假貨」伯爵。

穿著嘉德騎士團正式禮服的伊莉莎白女王

第63話 那名執事……修行

Q 嘉德勳章是什麼？

A 英國最高等級的勳章。

據說嘉德勳章是在1340年由愛德華三世所設立，為英國最高等級的勳章。

　勳章上面刻著「心懷邪念者蒙羞」（HONI SOIT QUI MAL Y PENSE）的句子，由於佩戴勳章時必須背上的大綬（肩膀上斜掛的背帶）為藍色，所以也被稱為是藍綬帶。若在敘勳儀式時期有即將獲頒的人選，則會在六月時於溫莎城堡的嘉德王座前舉行。

　此外，敘勳時以左膝跪地，乃是正式的禮儀。

上面寫著「心懷邪念者蒙羞」的嘉德勳章

那名執事……修行

Q 能否說明和謝爾少爺的謁見服相關的知識？

A 騎士團的正式禮服。

穿上嘉德騎士團正式禮服的薩克森（Königreich Sachsen）國王阿爾貝特一世（Albert I.）

謝爾少爺在嘉德勳章的授勳儀式時所穿的謁見服，包括天鵝絨披風（嘉德斗篷）、羽毛裝飾的帽子、鮮紅色的兜帽罩袍。這是騎士團的正式禮服，也是嘉德勳章受勳時的正式打扮。

然後在這套騎士團正式禮服上，要再掛上吊襪帶、領環、配星。

在嘉德勳章的敘任式或戴冠式等場合中，必須像這樣穿上騎士團的正式禮服，至於其他的儀式慶典，則是穿燕尾服較合乎禮儀。

順帶一提，若是以嘉德勳章的情況，大綬章（掛在肩上的背帶）是從左肩斜披至右腰側，跟一般情況的大綬章配掛法正好相反。

Q 遺髮墜鍊是什麼？

A 與逝去的愛人之間的羈絆。

裝了 JAMES AIKIN 遺髮的遺髮墜鍊

人的頭髮象徵著神祕與永恆。此外，也代表了與心愛之人的羈絆。在英國，通常會將遺髮放在稱之為小金匣，也就是附有蓋子的墜飾裡隨身攜帶。

像這樣的首飾，通稱為「紀念首飾」。除了遺髮之外，似乎也有人裝入遺骨或骨灰。

有不少情況是遵照遺言將遺髮放入，在倫敦舉行葬禮時，為表追思過世的人，就會保管他的遺髮。

金匣上的設計多半是雕刻著勿忘草，這樣的設計隱含著「請不要忘了我」的意思。維多利亞女王也隨身帶著過世的亞伯特親王的遺髮所製作的裝飾品。

第66話

那名執事……騷動

Q 復活節是什麼？

A 紀念耶穌復活的節日。

復活的耶穌基督

耶穌基督被釘在十字架上死去，三天後復活，復活節（Easter）便是為了紀念並使人們永遠記得的節日。

基本上，會在春分後第一個滿月之後的週日慶祝復活節，因此每年的節日日期都不太一樣。在復活節之前的四十六天內，這段期間必須節制蛋及肉類的攝取，稱之為四旬期。因此復活節也有慶祝齋期解禁的含義。

此外，蛋象徵著新的生命，對於慶祝死去的耶穌基督復活的這個節日來說，是很重要的物品。

原本復活節是源自於日耳曼神話中的春天女神伊絲（Eostre），是個跟耶穌基督無關的節慶，但隨著時代演進，便成為基督教固定的重要節日了。

Q 復活節有什麼遊戲？

A 有「獵蛋」、「敲蛋」等等。

經過裝飾的復活節彩蛋

復活節遊戲中的「獵蛋」，是把蛋藏在院子或房子裡，讓孩子們去尋找的遊戲。

「敲蛋」是英國傳統的復活節遊戲。把水煮蛋發給所有人，大家拿著自己的蛋跟別人的蛋互敲，直到最後蛋殼仍完好如初的人就贏了，輸的人要把自己手上的蛋吃掉。

其他還有名為雞蛋賽跑的遊戲。這是在湯匙上放雞蛋，要小心不讓雞蛋掉落並一路跑到終點，看誰先抵達終點的賽跑遊戲。

此外還有一種叫做滾彩蛋的遊戲，要在不讓蛋殼破掉的情況下滾彩蛋。可以用各種方式來滾動色彩繽紛的蛋，非常有趣。

第66話　那名執事……騷動

Q　復活節彩蛋是什麼？

A　在水煮蛋上做裝飾彩繪。

早在基督教整合復活節之前，就已經有復活節彩蛋的習俗了。

蛋是生命的象徵，彩蛋上大多會塗上鮮紅色，象徵耶穌基督的鮮血。也有些習俗是將復活節彩蛋送給一起慶祝的人，作為友情的見證。

伊莉莎白小姐把復活節彩蛋送給謝爾少爺，應該是作為兩人愛情的見證吧。

近年來，也有人用雞蛋外型的巧克力來取代復活節彩蛋。

復活節彩蛋

第66話　那名執事……騷動

Q　復活節兔是什麼？

A　將復活節彩蛋送來的兔子。

復活節兔指的是送來復活節彩蛋的野兔，除此之外，也會在籃子裡放糖果或玩具。

一般相信，小朋友如果在復活節前一夜乖乖聽話，復活節兔就會為他們帶來禮物。

因此在小朋友眼中，復活節兔跟聖誕老人一樣，都會為他們帶來許多樂趣。

復活節兔與復活節彩蛋

Q 寄宿學校是什麼樣的地方？

A 聚集了貴族子弟的全住宿制學校。

國外的寄宿學校

在女王陛下的命令之下，謝爾少爺潛入英國首屈一指的名門「威斯頓公學」。這所謹守傳統與戒律、聚集了貴族子弟的寄宿學校，究竟是什麼樣的呢？在那個時代，多數的寄宿學校都是全住宿制男校。學生的年齡大約是十二到十九歲，早上到中午要上學科課程，午餐過後則是運動競技，接著就是自習或士官訓練、音樂練習……一個學期會有幾次的休假，而除了週末的短暫時間之外，禁止離開學校。房間則是跟同學一起住。當然，就算是謝爾少爺入學也不能例外。平常總是有賽巴斯欽完美地幫忙打點好的服裝儀容，現在不只要自己來，還要幫忙高年級生。不過謝爾少爺自尊心很強，在他習慣之前，或許得一直咬牙忍耐吧。

第67話 那名執事……上學

Q 差點遲到的謝爾嘴裡咬著什麼？

A 英國的必備輕食比司吉。

謝爾少爺在威斯頓公學第一天上課的日子，因為快遲到而奔跑，在背景的玫瑰花襯托下，轉彎時撞到美少女，成為命運的邂逅……這些事完全都沒有發生，不過整個構圖很有少女漫畫的風格，說不定真的有讀者以為打開了其他漫畫呢。

他嘴裡咬著的比司吉並不是麵包，而是享用早茶「Morning Tea」時必備的食物。看來寄宿學校的早餐也是準備輕食呢。這一幕讓平常總是很有威嚴的謝爾少爺，也展現了像個學生的可愛模樣。

比司吉

第67話 那名執事……上學

Q 為什麼P4如此受人尊敬？

A 因為前程似錦，是菁英中的菁英。

讓校內學生投以尊敬目光的P4。儘管只是初次登場，卻擁有跨頁畫面的尊貴禮遇。

紅宿舍是富豪且超美型的雷多蒙特、綠宿舍是體育風格但模樣精明的格里希爾、青宿舍是聰明認真型的布魯亞、紫宿舍則是風格古怪的拜歐雷特，彷彿象徵各自宿舍般的色彩與名稱都非常有特色。

他們被要求負責維持宿舍秩序，彰顯領袖風範，另一方面，也擁有其他學生所沒有的權力。他們有權處罰學生，擁有獨自的房間，能夠穿越草皮也是特權之一。

成為監督生就等於搭上菁英列車，未來注定能夠在社交界隆重登場，可以說是非常光榮的事。

Q 西裝背心（waistcoat）與背心（vest）有什麼不同？

A 在英國，會將背心稱為西裝背心。

在英國，只要是穿在外套下的背心，就稱為waistcoat。

制服原本是黑色的三件式早禮服（morning coat），不過按規定，P4可以穿著喜歡的布料所縫製的西裝背心。雷多蒙特配掛了高雅的鍊子、布魯亞是貼身的剪裁、格里希爾是運動風的格紋、拜歐雷特則是有個性的多色菱紋，P4確實展現了各自的品味。

西裝背心是英國紳士著裝時的重點裝飾，自古以來就深受喜愛。

領帶歪了

威斯頓公學校規第四十八條：「只有監督生及獲得允許的人能夠穿越草皮」——才剛入學的謝爾少爺，在不知情的狀況下踏進了草皮。正當大家以為他會被這時出現的P4責罰時，雷多蒙特卻說了句「領帶歪了」，並溫柔地幫謝爾調整領帶……這個梗的由來，可能是出自《瑪莉亞的凝望》漫畫中登場的小笠原祥子的著名台詞：「領帶歪了唷。」

《瑪莉亞的凝望》
出版：日本集英社

漫畫單行本所沒有的！
主標、標語解說集 vol.14

第 63 話　那名執事……修行
刊載於 2011 年 12 月號

主標 一夜之間恢復原狀的莊園大宅
標語 準備好的是　執事親手做的三星級料理
尾標 謝爾毫不動搖的意志，以及賽巴斯欽的執著，將兩人與這個世界做了聯繫 !!
解說 扉頁上的謝爾少爺跪坐在托盤上，宛如一道盛盤的料理。看起來像隨時要吃掉謝爾的賽巴斯欽，表情非常有魅力。

第 64 話　那名執事……重傷
刊載於 2012 年 1 月號

主標 憑藉自己的力量恢復意識的賽巴斯欽
標語 銀鼠之歌誘哄著尋求真正的安息，究竟是生是死？
尾標 葬儀社的死神鐮刀將船劈成兩半 !! 賽巴斯欽等人會如何 ?!
解說 賽巴斯欽身受重傷，意志力卻相當驚人。從死神的能力之下逃脫，儘管傷痕累累仍能恢復神智。這名執事果然……最強。

第 65 話　那名執事……奮戰
刊載於 2012 年 2 月號

主標 在葬儀社的一擊之下裂成兩半的豪華客船 !!
標語 人們在旋轉。在緊緊相繫且相互羈絆的天球之下——
尾標 逃過一劫的兩人，沐浴在清晨祝福的朝陽之下……
解說 宛如電影「鐵達尼號」般裂成兩半的豪華客船。兩人勉強逃過一劫，卻還不得安寧。接下來還要與死人奮力一搏……

第 66 話　那名執事……騷動
刊載於 2012 年 3 月號

主標 事件過後的宅邸
標語 兔子比賽，勝利的雞蛋 ?!
尾標 下一回，新篇章
解說 按慣例，又來到了長篇之後的休息時間。眾人莫名地都戴著兔耳登場，似乎打算玩「復活節彩蛋」這樣的遊戲呢。

第 67 話　那名執事……上學
刊載於 2012 年 4 月號

主標 ※ 這部漫畫是《黑執事》沒錯
標語 純黑色的正式服裝代表了傳統與規律
尾標 新篇章「寄宿學校篇」正式展開 !! 在這裡會讓人覺得主僕關係完全顛倒過來
解說 ?! 咬著比司吉奔跑的謝爾少爺。本以為正在看《黑執事》，但這開頭卻像是甜美可愛的少女漫畫。來吧，寄宿學校篇正式揭幕。

Vol. 15

名門望族的
高貴校園生活

Outline
故 事 大 要

女王陛下交給謝爾一項新的任務。
前往一間名門學校──威斯頓公學。

據說在那裡就讀的幾名學生，
有很長一段時間都沒有回家去。

於是謝爾便潛入威斯頓公學，
悄悄展開調查。

那所學校彷彿境內的獨立國家般，
有著嚴格的上下關係。

謝爾注意到立於威斯頓公學頂端，
號稱「P4」的菁英學生。

為了接近這些人，
謝爾會採取什麼樣的行動呢？

第68話

那名執事……清掃

為什麼要如此地注重傳統呢？

學習傳統與規律才是真正的英國紳士。

P4異口同聲地說出「傳統是絕對的」這句話，可見威斯頓公學非常地注重傳統。從運動中學習公平競爭的精神，在宿舍生活中鍛鍊心智與身體，學習責任感與領導能力，換句話說，這些教育就是為了能符合英國社交界的身分，成為規矩與教養兼備的優秀紳士。

謝爾少爺的父親文森先生，也是就讀於威斯頓公學。若謝爾少爺之前是平安順利成長的話，或許現在也會是P4的成員之一吧。

就讀英國的公共學校──伊頓公學的亨利王子

第68話

那名執事……清掃

直屬學弟必須做哪些事呢？

從打掃房間到跑腿等各種差事都要做。

謝爾少爺成為克雷頓的直屬學弟。不愧是謝爾少爺，身為非常優秀的直屬學弟，他確實地指示賽巴斯欽完成了所有交辦事項。直屬學弟被交付的工作，包括打掃房間、整理身邊大小事、跑腿等各種事項。而且因為是個人與個人之間的對應關係，所以根據學長的個性，說不定會因人而異地把人當成奴僕來使喚。

如果謝爾少爺沒有賽巴斯欽偷偷幫他的話，又會如何呢？可能得拚了命穿針引線縫縫補補、把三角巾當口罩捂住口鼻努力掃除、像家裡的廚師巴爾德那樣一邊引爆廚房一邊做小點心……過著讓雙手變粗糙的日子吧。其實有點想看看那樣的謝爾少爺呢。

Q 寄宿學校篇的扉頁實在是美極了……

A 就像阿爾馮斯・慕夏的畫一樣美。

寄宿學校篇的第68話扉頁，是雷多蒙特掛著悠閒的微笑坐著，身邊圍繞著象徵「深紅之狐宿舍」的薔薇與狐狸。這樣的設計就好比是阿爾馮斯・慕夏（Alfons Maria Mucha）的畫作一樣。慕夏的畫最為人所知的，就是一個主題會有四幅相關的繪畫作品，例如「四季」、「四藝術」、「四星月」、「四朵花」等。

而這些P4的扉頁或許也受了他的影響，接連畫出象徵各自宿舍的樣子。四張一起看的話，這些插畫之美又更加吸引人了。

第68話 那名執事……清掃

英國也有熱水袋嗎？

從古至今，熱水袋都是冬天的必備物品。

英國也像日本一樣四季分明，會有冬天的來臨。而且冬天也跟日本一樣冷得要命。直屬學弟服務學長時要準備的一些用品當中，自然也會有「熱水袋」。熱水袋其實是英國自古以來必備的用品，冬天時人手一個是很正常的事。所以謝爾少爺和P4及學生們應該也有，至於賽巴斯欽……可能就不太需要了。每個人幾乎都是抱著熱水袋入睡的。所以在宿舍準備就寢的時間，說不定可以看到學生們在煮水壺前大排長龍，等著把水煮開的景象。

順帶一提，現在的英國仍保留了熱水袋的文化，便利商店或藥妝店裡都有販售各式各樣的熱水袋。

第69話 那名執事……偽裝

First Name指的是姓名的哪個部分？

以日本來說，指的就是名字。

英國將姓名分為Last Name（姓氏）以及First Name（名字）兩部分。例如謝爾少爺的全名是謝爾・凡多姆海伍，以日本來說，凡多姆海伍是姓氏，謝爾則是名字。若是朋友或交情很好的關係，一般就會親暱地用First Name來稱呼彼此，但注重規矩的名門學校，即使彼此都是學生，以姓氏互稱仍是傳統。威斯頓公學大概也不例外，在校規上或許也是這麼明文列出的。罕見的是雷多蒙特喊布魯亞的First Name，然後被他罵*，據作者的說法是這兩人「有著從小就是鄰居（？）的模糊設定」，因此他們或許從小就直呼彼此的名字，天真無邪地一起玩耍吧。

*漫畫中雷多蒙特喊的是莫利斯・高爾的名字，然後被布魯亞罵。此處應是誤植。

哈寇特打算閱讀的黑格爾作品是什麼樣的書？

黑格爾是位哲學家，據說他寫出了史上最艱澀難懂的書籍。

為了挖掘出莫利斯的真面目，賽巴斯欽在圖書館找上二年級的哈寇特。他正打算從書架上拿取的書，就是黑格爾（Georg W. F. Hegel）所寫的《邏輯學》。

黑格爾是18到19世紀的德國哲學家。他的著作非常艱澀難懂，甚至還有為了初次閱讀的人所出版的解說入門書籍。其中他的著作《精神現象學》，據說是哲學史上最難懂的一本書。要讀懂黑格爾的書，每個字都必須細細體會，透過閱讀循線去體驗黑格爾的思考過程。

而能夠閱讀這種書籍的二年級生哈寇特，應該是很有學養的人，也難怪自視甚高、想當下一任監督生的莫利斯，會針對他來惡整了。

第70話 那名執事……誘導

在深紅之狐宿舍入口站崗的衛兵是什麼人？

戴著黑帽子的英國陸軍禁衛軍。

英國陸軍禁衛軍的特色，是戴著一頂名為熊皮帽的毛茸茸黑色長帽。

原本他們值勤的地方是王室的居所或工作地點，例如白金漢宮、溫莎城堡。就算威斯頓公學有再多的貴族子弟聚集，也只能算是普通場所，更何況還是學生宿舍，居然能安排禁衛軍，儘管這裡是堂堂英國……但恐怕也只有這間威斯頓公學的「深紅之狐宿舍」才有如此的待遇吧。連維多利亞女王的近親戴立克也就讀於此，看來威斯頓公學不是只收貴族階級的學生，而是連王室相關人員都匯聚而來的名門學院呢。

那名執事……策畫

用來揭穿莫利斯真面目的拉線電話的原理是什麼？

藉由線的振動將聲音傳播到遠處。

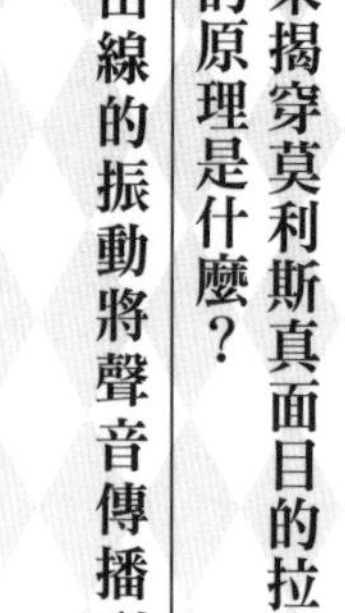

謝爾少爺最後還是成功揭穿了莫利斯的真面目。而且是在被莫利斯手下壓制，甚至撕開制服讓他衣衫不整，陷入極大危機之時。

不過，預先設計好的裝置，反而成功地揭穿了莫利斯的謊言。這個裝置的原理，跟大家至少都玩過一次的拉線電話一樣，聲音能夠傳達到聲波振動所能抵達的地方。可是，從謝爾少爺找莫利斯談話的美術室到P4所在的天鵝宮，在一般狀況下是聲音無法傳達的距離。於是利用畫框集音，並把線拉到目的地，不靠空氣振動來傳達，而是靠線的振動讓聲音傳過去。話雖如此，光看上去就覺得是個非常大的裝置。而能夠掩人耳目成功設置的人……也就只有他了。

第72話

那名執事……讚賞

威斯頓公學的標誌——聖喬治是誰？

基督教的守護聖人，備受尊崇。

威斯頓公學的標誌「聖喬治」是基督教的英雄之一，以守護聖人的身分受到崇拜。有關他的傳說當中，最有名的就是屠龍的故事。

在某座湖裡住著一隻會帶來災厄的龍。村民為了避免災害，於是用牛或羊獻祭，而當牛、羊都沒了之後，龍就要求村民們獻上女兒。這時聖喬治來到這裡挑戰惡龍，漂亮地戰勝了牠。後來，他在臨死前被異教徒所囚禁，要求他改變信仰，最後聖喬治為了遵從自己的信仰而殉教。因此對於基督教來說，聖喬治也是與異教徒之戰的象徵。

P4也遵從這樣的教誨，以傳統與規律來守護學校。只是，並不一定會像聖喬治一樣受人讚揚就是了。

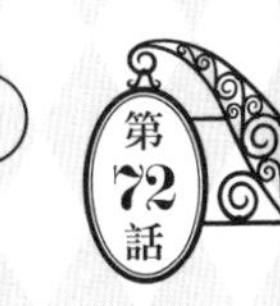

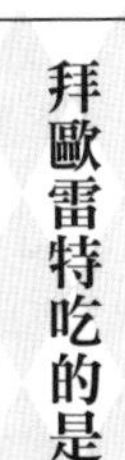

Q 拜歐雷特吃的是法國麵包？

A 麵包經常被用來當作素描時的橡皮擦。

謝爾少爺成功地打進天鵝宮裡和樂融融的P4團體。在素描本上畫著謎樣圖畫的拜歐雷特，將「用來擦炭筆的法國麵包」往隨便亂動的模特兒（？）格里希爾扔去。

炭筆素描時所使用的炭筆素描紙比較柔軟，為了不傷及紙的表面，基本上也要用軟的擦子。麵包的白色部分被稱為「擦子麵包」，最適合用來代替橡皮擦，自古以來就被人廣為使用。在沒有素描軟橡皮擦的時代，不知道專修繪畫的學生們會不會常帶著可以當成橡皮擦兼緊急糧食的麵包。送麵包給拜歐雷特當禮物的話，他應該會很高興。

第72話 那名執事……讚賞

Q 女王陛下所在的溫莎城堡是個什麼樣的地方？

A 確實存在於英國，規模最大也最古老的城堡之一。

溫莎城堡是英國現存規模最大也最古老的城堡之一，如今也是女王陛下的官邸，用來作為例行活動及迎賓之館。如果說白金漢宮是女王的辦公室，那麼溫莎城堡就是她的宅邸。大多以實際的歷史、文化、建築為參考來做設定，正是《黑執事》的魅力所在。

順帶一提，從布魯亞所說的這句話：「女王陛下也會在對岸的溫莎城堡，觀賞（板球比賽）優勝宿舍的划船遊行呢！」再與現在的地圖做對照，就可以看到超級名門公共學校「伊頓公學」。寄宿學校篇從制服、校內建築及校風等各個部分，都參考自伊頓公學，因此請務必來一趟聖地巡禮……不過很遠就是了。

漫畫單行本所沒有的！
主標、標語解說集 vol.15

第 68 話　那名執事……清掃
刊載於 2012 年 5 月號

主標 新篇・寄宿學校篇，正式啟動 !!
標語 深紅之狐宿舍監督生——愛德嘉・雷多蒙特，生來就被高貴的薔薇所圍繞的男人——
尾標 迷人的凡多姆海伍誕生 ?! 下一回讓你為之著迷 !!
解說 這張扉頁是在模仿阿爾馮斯・慕夏的作品嗎？畫得如此美麗的插畫，光是看著就能療癒心靈了。

第 69 話　那名執事……偽裝
刊載於 2012 年 6 月號

主標 單行本第 14 集發行紀念封面彩頁 !!
標語 薔薇・柊・天竺牡丹・龍膽……穿過層層交纏的密林探究真相……
尾標 表情惡劣的十三歲……
解說 在學生們面前露出純真笑容的謝爾少爺。只要跟賽巴斯欽兩人獨處時，就會露出使壞的真面目呢……就像以前那種惡質官吏一樣。

第 70 話　那名執事……誘導
刊載於 2012 年 7 月號

主標 怒上心頭的謝爾
標語 白皙的手指一如既往。略帶骯髒的場外亂鬥
尾標 下一回，復仇開始 !!
解說 謝爾少爺與莫利斯兩相對照，令人印象深刻的彩色扉頁。不過在人前裝得很溫和乖巧這一點，兩人倒是非常相像呢。

第 71 話　那名執事……策畫
刊載於 2012 年 8 月號

主標 利用索馬的作戰方式是？
標語 翡翠之獅宿舍監督生——韓曼・格里希爾，板球的明星選手
尾標 對於滿口謊言的主人，裝作毫不知情的惡魔，往南邊的天空飛去……
解說 這回也跟第 68 話一樣，扉頁是模仿阿爾馮斯・慕夏的畫作呢。以獅子為背景，畫得力道十足。

第 72 話　那名執事……讚賞
刊載於 2012 年 9 月號

主標 威斯頓公學的某項儀式
標語 紫黑之狼宿舍監督生——格雷戈利・拜歐雷特，是個……怪人 ?!
尾標 拜歐雷特。表情驟變 ?!
解說 看來這一回仍是繼續畫阿爾馮斯・慕夏系列呢。有些古怪的紫宿舍舍長，背景的狼彷彿也露出了訕笑。

Vol. 16

板球大賽
開幕

Outline
故 事 大 要

隨著接近「P4」等人，
謝爾少爺逐漸看清了
這次事件的真相。

只有「P4」與他們直屬學弟能夠參加的
「深夜的茶會」
不曾露面的校長似乎也會參加。

於是，謝爾為了成為 P4 的直屬學弟，
決定憑藉自己的實力
在校內板球大賽中獲得好成績。

謝爾執著於勝利的作戰方式，
究竟能否被認可為紳士呢？

同時，他是否能順利地
取得參加深夜的茶會入場券呢……

Q 米卡艾利斯老師在教室講授的課程是什麼？

A 他朗讀的是拉丁文學〈辛希亞的幽靈〉。

普羅佩提烏斯與辛希亞

已經把米卡艾利斯老師扮演得入木三分的賽巴斯欽，漫畫中有個場景是他在教室朗讀教材給學生聽。那段看起來相當難懂的文字，其實就是拉丁文。內容是詩人普羅佩提烏斯（Propertius）所創作的〈普羅佩提烏斯第四卷第七首：辛希亞的幽靈〉（Cynthia's ghost）其中一小節。「靈魂是確實存在的：死亡並非一切的結束，蒼白的亡靈能夠突破葬火逃出來。因為辛希亞出現了——」這是基於寄宿學校篇的故事而加以引用的一段文字。

英國的上流階級教養之一，就是通曉古典文學，甚至要學習到能夠讀懂拉丁文或希臘文等原文書的程度。以日本來說，就相當於直接閱讀《源氏物語》或《枕草子》的原文，非常吃力。

Q 板球是什麼樣的運動？

A 歷史悠久的紳士淑女運動。

謝爾少爺為了參加「深夜的茶會」，打算利用宿舍對抗板球比賽。板球是競技人數僅次於足球的紳士淑女運動。在公共學校內也很盛行，據說可以培養學生的男子氣概及領導能力。因為板球比賽比什麼都還注重公平競爭與社交往來，也很重視良心與道德，所以謝爾少爺與賽巴斯欽祭出加了超強瀉藥的碎肉派以及各種手段，豈止是遊走於規則邊緣，根本就是黑心到稱不上是紳士的行為了。這項歷史悠久的運動，目前不僅英國，在全世界都很受歡迎。甚至在索馬的故鄉印度都有職業聯盟賽事。青宿舍在比賽時所穿的背心，就稱為板球背心，傳統的設計也常讓人直接拿來作為平日的穿著。

板球比賽的情況

第77話

那名執事……演奏

守護索馬遠離肚子痛的「濕婆神」是什麼人物？

主掌健康長壽的印度教神明。

濕婆神

比賽時因為中了陷阱，紅宿舍的學生們一一倒在比賽場上。社交及視覺上的享受都是板球的魅力之一，因此美少年哈寇特痛苦的樣子，也是包括多爾伊特子爵在內的觀眾們所欣賞的一環。

其中只有索馬殿下一人平安無事，他說：「我有濕婆神的保護，所以沒事！」濕婆神是印度教的神祇，除了執掌破壞與創造之外，對祂的信仰還包括男子氣概、健康長壽等等。神祕國家印度的力量，好像也出乎賽巴斯欽的意料之外。

賽巴斯欽等人所演奏的《拉黛斯基進行曲》是什麼？

老約翰·史特勞斯所作的輕快樂曲。

在綠宿舍與青宿舍的比賽中，所採取的第一項作戰是「音樂」。在賽巴斯欽的華麗指揮下所演奏的是老約翰·史特勞斯作曲的《拉黛斯基進行曲》。賽巴斯欽身為「教練」，必須確實指揮樂曲，透過演奏來告知比賽選手揮棒的時機。《拉黛斯基進行曲》是藉由鼓與鐃鈸打出輕快節奏的歌曲，可以說最適合這種作戰。

這首歌曲也廣泛使用在電視節目、運動會、演奏會等等，或許各位都曾經聽過也說不定。

為表揚約瑟夫·拉黛斯基將軍而作的歌曲

青宿舍被指責的「It's not cricket」是什麼意思？

類似「不公正」或「不是紳士行為」的意思。

「It's not cricket」是「不公正」、「不是紳士行為」的意思，在這裡被用來指出違反板球光明正大的精神。從精神層面來看，相當於現今廣泛使用的「運動家精神」這個詞彙。

「運動家精神」的起源，來自於古代奧林匹克運動中，選手向神明宙斯立誓的內容。其嚴格性不只適用於比賽，也被當作社會傳統而不斷地傳承，因此布魯亞與格里希爾基於這樣的精神來行動，對於身為紳士的他們而言，這也是理所當然的事。

而能夠反過來利用他們優雅的紳士風範，謝爾少爺真不愧是謀略之士。

漫畫單行本所沒有的！
主標、標語解說集 vol.16

第 73 話　那名執事……商議　　刊載於 2012 年 10 月號

主標　光是一句話就讓天鵝宮祥和的氣氛丕變 ?!
標語　紺碧之梟宿舍監督生──羅連斯．布魯亞，威斯頓公學的秀才
尾標　這可真是惡智慧……遊戲的天才 !!
解說　這一回也是慕夏呢。不過只要用 P4 當模特兒，就算是重現一流畫作的場景也絲毫不遜色呢。

第 74 話　那名執事……入場　　刊載於 2012 年 11 月號

主標　謝爾放火，逼出窩在宿舍裡的學生
標語　回頭吧，再往前就是禁書之林
尾標　「六月四日」開始了 !!
解說　賽巴斯欽與謝爾少爺在應該是圖書室的地方偷偷閱讀書本。這兩個人到底會想出什麼樣的奸計呢？

第 75 話　那名執事……談笑　　刊載於 2012 年 12 月號

主標　六月三日，板球大賽前夕
標語　就算吵吵鬧鬧，還是很可愛……弟弟們的日常生活
尾標　下一回，比賽開始 !!
解說　謝爾少爺與住宿生們稀鬆平常的每一天。雖然目前正在出任務，但謝爾少爺如果真的是學生的話，說不定就是過這樣的生活呢。

第 76 話　那名執事……策動　　刊載於 2013 年 1 月號

主標　威斯頓公學傳統的六月四日，終於到來！
標語　僅僅是　天真地　不自覺地　綻放光輝　正值青春
尾標　下一回，決賽 !!
解說　板球大賽終於開始了。每個宿舍使出渾身解數一決勝負，到底會如何發展呢……才這麼想而已，下一回居然就進入決賽了。故事進展可真快呀。

第 77 話　那名執事……演奏　　刊載於 2013 年 2 月號

主標　正在吃午餐的莉西等人
標語　傳遞開來的生命之音，蜻蜓般的弦樂四重奏
尾標　教師→執事。華麗地轉換 !!
解說　賽巴斯欽加上怎麼看怎麼怪的樂團──這就是本次謝爾少爺的作戰計畫所呈現出的樣貌。但是真的很可疑啊……那貓頭鷹的面具。

Vol. 17

深夜的茶會——潛藏在威士頓公學中的黑暗

Outline
故 事 大 要

克服所有的苦難之後，
謝爾終於獲得板球大賽的勝利。

創造了「碧之奇蹟」的謝爾，
順利地在這次的板球大賽中獲得佳績，
成功地獲邀參加「深夜的茶會」。

深夜，威斯頓公學被寂靜所包圍，
這個時間能夠外出的
只有深夜的茶會參加人士而已。

謝爾在緊繃的氣氛下參加了茶會。
終於能夠與校長見上一面了。

這位校長的真面目究竟是……

第78話 那名執事……追捕

謝爾的必殺技「石中劍」是什麼？

參考了著名的亞瑟王傳說中的一個場景。

謝爾少爺經過深思熟慮所想出來的必殺技就是「石中劍」。利用綠宿舍的力量，不揮動球板而將擊球反彈出去，是攻守上都很優異的堅實打法。

著名的亞瑟王傳說中，有個場面是「誰能拔起插在岩石中的這把劍，就能成為國王」。而握著球板讓球反彈的姿勢跟握法，看起來就像打算從石頭裡拔出聖劍一樣。不過卻施加了力道，反而比較像是「要把劍插進地面」吧……我們就不要吐槽這點了。這項技巧雖然不華麗，但就任何人都能使用的這部分來說，的確是個很實用的技巧。

第79話 那名執事……決勝

扉頁上賽巴斯欽所戴的那頂神祕草帽是……

板球裁判的制服配件，名為硬草帽的帽子。

第79話的扉頁，是神色認真的三人及露出得意笑容的謝爾與賽巴斯欽兩相對照的一張圖。這裡賽巴斯欽所穿的是板球裁判（umpire）的服裝。頭上戴著名為硬草帽（boater）的帽子，穿襯衫打領帶，再加上外套，似乎就連裁判也必須穿著符合板球形象的制服。而像他這樣伸出食指把手向上舉高的動作，就是代表「出局」的姿勢。

在寄宿學校篇中，可以看到執事賽巴斯欽及米卡艾利斯老師等各種賽巴斯欽的角色扮演，對於他的粉絲來說應該是很讓人高興的一篇吧。

第80話 那名執事……好投

Q 格里希爾的必殺技「王者之劍」是什麼？

A 什麼都能夠砍斷，是亞瑟王的愛劍。

在亞瑟王傳說中有兩把劍登場。其一是插在岩石中只有國王才能拔出來的劍，而另外一把就是湖中精靈賜予亞瑟王的劍。青宿舍所展現的必殺技「石中劍」，就是前者所說的插在岩石中的劍，而綠宿舍在攻擊時所使出的「王者之劍」，應該就是以後者的亞瑟王愛劍 Excalibur 為原型吧。

王者之劍是精靈所賜予的劍，會綻放光芒，據說鋒利得可以砍斷任何東西。亞瑟王似乎就是靠著這把劍獨自戰勝五百名敵人。而無論什麼球路都能打出去，擁有超凡運動能力的綠宿舍頂尖選手格里希爾，可以說正適合這樣的必殺技啊。

第81話 那名執事……上鎖

Q 「深夜的茶會」邀請函上所裝飾的曇花是什麼？

A 只在晚上綻放一次的花，花語是「只想見你一面」。

板球大賽結束，與同伴和親近之人度過愉快的宴會之後，謝爾少爺回到宿舍，床上已經放著綁上緞帶的茶杯與杯碟，再加上一朵曇花的花蕾。

那正是謝爾少爺終於得手的「深夜的茶會」邀請函。曇花是種非常大朵且極為美麗的純白色花朵，只會在夜晚開一次花。花語是「虛幻的戀情」、「纖細」以及「只想見你一面」。能見到校長並解開威斯頓公學之謎的最佳機會來了。

曇花

Q 板球大會取得優勝之後，為何要舉行划船遊行？

A 在划船發源地舉辦的典禮，也要以划船的方式來進行。

擁有很長運河的英國，據說是划船的發源地，其歷史非常悠久，舉凡競技或儀式典禮都要以划船的方式來進行。獲得比賽優勝的謝爾少爺與青宿舍的同伴所做的划船遊行，威斯頓公學所參考的伊頓公學，實際上也會以「Fourth of June」之名舉辦。

戴著盛滿花朵的帽子，在通過溫莎城堡時要從船上站起來，全體向女王脫帽敬禮。向女王陛下或其父兄等人敬禮時，像布魯亞及青宿舍學生那樣重心不穩，導致帽子掉落或整個人直接落河，實際上還真的發生過，而且似乎也是許多人期待的看點之一。

謝爾少爺一行人的遊行是在日落之後，點燈的景象應該也很美麗吧。

第82話

那名執事……大笑

Q 為什麼大家總是在開茶會？

A 在各種情況下都能享受一杯茶正是英式作風。

謝爾少爺受邀前往「深夜的茶會」。那應該是平常他會發出均勻的呼吸聲，睡得很可愛的就寢時間吧。這是屬於英國一天的茶會當中的哪一種呢？

首先是「床前茶」，是每天謝爾少爺早上起床時由賽巴斯欽伺候的茶。接著是「英式早餐茶」，是吃早餐時所喝的茶。「午前茶點」則是中午之前稍作休息時所喝的茶。接著是「下午茶」，傍晚要喝茶時，人們都會穿著正式服裝互相拜訪，品嘗放在蛋糕架上的司康或三明治，享受社交生活。「傍晚茶」和「晚茶」則都是在晚餐之後。也有人會在這時候飲用酒類飲料。

開茶會的淑女們

漫畫單行本所沒有的！

主標、標語解說集 vol.17

第 78 話　那名執事……追捕

刊載於 2013 年 3 月號

主標 校長現身

標語 徹頭徹尾　狂氣盡失　桌上繪畫

尾標 下一回，封面彩頁登場 !!

解說 校長總算現身了。可無論賽巴斯欽怎麼追趕，最後校長還是消失得無影無蹤。他到底是何方神聖？

第 79 話　那名執事……決勝

刊載於 2013 年 4 月號

主標 連惡魔都能作弄的校長……

標語 在天地相融的境界之處，將是非黑白說個清楚吧 !!

尾標 凡人的魔球。一切都是計算與鑽研

解說 把每一位都畫得精神百倍的跨頁扉頁，光看這兩頁根本會以為是運動漫畫的插圖吧。謝爾少爺不可一世的笑容非常棒。

第 80 話　那名執事……好投

刊載於 2013 年 5 月號

主標 布魯亞的祕投光芒四射 !!

標語 即使是一流選手，放學後也形象盡失 ?!

尾標 漫長又炎熱的六月四日結束了……

解說 扉頁上所畫的是與操場上火熱競爭情況完全相反的和平生活。在本篇中還有必殺技之類的登場，已經搞不懂這是什麼漫畫了。不過，那份熱度已經確實地傳遞給我們。

第 81 話　那名執事……上鎖

刊載於 2013 年 6 月號

主標 即將進行遊行的謝爾等人呢？

標語 水面之際　與光舞動　花樣少年

尾標 消失的學生登場，事件急轉直下 ?!

解說 板球大賽總算結束，謝爾少爺參加了划船遊行。扉頁是浸泡在水裡的美麗插畫，看起來極為夢幻。

第 82 話　那名執事……大笑

刊載於 2013 年 7 月號

主標 一直在尋找的學生忽然登場，眾人目瞪口呆

標語 深夜中，另一種面貌——

尾標 全都被他玩弄於股掌間……

解說 彷彿一寸法師般被放在茶杯裡的謝爾少爺。難道賽巴斯欽打算把他跟點心一起吃下肚 ?!

Vol. 18

校長的祕密——
葬儀社的野心

Outline
故 事 大 要

威斯頓公學的校長
居然又是葬儀社。

消失的學生戴立克。
以及錯手殺死他的 P4。
葬儀社利用了這具屍體，
作為死人復活術的實驗材料。

為了維護傳統而殺人的 P4，
可以說正因為威斯頓公學是完全封閉的空間，
才會發生這一齣悲劇。

解決了事件之後，謝爾離開了學校。

短暫的學生生活，
對他而言又算是種什麼樣的體驗呢？

那名執事……贊同

Q 獻給監督生的詩裡所隱藏的關鍵字是什麼？

A 是頗有以文學教育見長的威斯頓公學風格的巧妙安排。

索爾與斯克里米爾（Skrymir）相遇的場景

投進意見箱的信件，上面所寫的詩句充滿了謎團。在雷多蒙特的召集之下，P4揭開了戴立克·艾登的真面目。就讓我們來稍微解讀一下「獻給監督生的詩」裡所隱藏的關鍵字吧。「雷神索爾」是北歐神話中的神。英語中週二到週五的單字都是來自於北歐神話中的神祇，而週四就被視為是雷神索爾的日子。被比喻為「充滿智慧的使徒」的使徒約翰，是耶穌基督的十二名弟子之一。在希伯來語中，「約翰」有著「深受天主恩惠」的意思。「扭曲的珍珠豎琴」是將葡萄牙語中的「BARROCO」（扭曲的珍珠）直譯為巴洛克，而豎琴則能夠演奏出音樂。這可是在注重文學教育且上流社會子弟聚集的威斯頓公學內才能安排的謎題呢。

Q 大家一起去購物的都是哪些地方？

A 都是些實際存在且每一間都很有魅力的商店。

20 世紀初期的倫敦塔橋

謝爾少爺似乎不太喜歡過於熱鬧的都會區，對於逛街也意興闌珊，不過倫敦倒是有許多氣派的建築物，以及各具魅力的商店。現在就來介紹第85話中謝爾少爺造訪的各個地方。首先是「大笨鐘」。這座莊嚴鐘樓吸引了世界各地的觀光客來訪，高達九十五公尺。接著漫畫中出現了正在施工的可移動橋梁「倫敦塔橋」。這座橋如今已經完成，如城堡般的矗立姿態，讓觀光客為之震懾。謝爾少爺購買亞瑟老師著作的「DAUNT BOOK STORE＊」，除了收羅世界各地的書籍之外，從天窗照入店內的光線所營造出的氣氛也非常棒。而在糖果店「Smith's Olde Sweet Shoppe＊＊」裡的謝爾少爺，雖然打著市場調查的名義挑選糖果，但那模樣才符合他原本的年齡呢。

＊此為漫畫中的店名，應該是參考自「Daunt Books」。
＊＊此為漫畫中的店名，應該是參考自「Mr Simms Olde Sweet Shoppe」。

Q 形象玩偶「獨角獸」是什麼樣的生物？

A 只肯親近少女的傳說中的動物。

可愛……嗎？會讓人產生這種疑惑的仿真玩偶。就算是身為經營者且歷經千錘百煉的謝爾大老闆，似乎還是不太懂少女心的樣子。

傳說中獨角獸的角及鮮血擁有神祕功效，因此引來人類的追捕，但獨角獸極為凶悍且速度飛快，非常難以捕捉。不過，據說獨角獸只容許純潔的少女接近，因此人們為了捕捉牠，就會以少女為餌喚來獨角獸。獨角獸出現之後，會將頭靠在少女的膝上睡覺，然後就可以輕易將其捕捉。

總而言之，獨角獸最喜歡的就是少女。會用這樣的獨角獸作為商標的公司，將做出什麼樣的商品，非常令人期待呢。

繪有獨角獸的畫作

為了調查遺髮墜鍊而造訪的「薩默塞特宮」是什麼地方？

是政府機關及教育機關所在的綜合型建築，經常在推理小說中出現。

為了調查在豪華客船篇中從葬儀社手裡獲得的遺髮墜鍊，謝爾少爺與賽巴斯欽順道前往薩默塞特宮（Somerset House），這裡自16世紀建造以來，至今仍是作為各級政府機關及教育機關所在的綜合設施。也有許多人造訪此處以使用一些休閒設施，如美術館、餐廳及商店等等。由於這裡也有負責管理戶籍與遺囑文件的公所，主僕兩人似乎就是為了使用這個功能而前來造訪。因為只要支付手續費，任何人都可以閱覽資料，所以這裡也經常在推理小說中登場。只要靠賽巴斯欽的能力就能輕易調查清楚的事，卻要支付手續費按部就班地取得文件，這說不定會讓他焦躁地在內心頻頻嘆氣呢。

凡多姆海伍公司所發售的香水（Perfume）是什麼樣的香水？

濃度最高，香味持續時間最長的正統香水。

Perfume是香水中的一個種類。香水可以分為好幾個種類，分別是香精（Perfume）、香水（Eau de Parfume）以及淡香水（Eau de Toilette）、古龍水（Eau de Cologen）。根據內含的香料濃度不同，稱呼也就有所不同，其中濃度最高，擦了之後香味持續時間最長，可以說是最正統香水的就是Perfume了。

儘管品質上沒什麼問題，但在視察店面時還是有些令人擔心，這時賽巴斯欽表現出的活躍程度已經超越執事的範圍了。藉由他巧妙設計的宣傳手法，精準地成功引起了話題。以獨角獸為商標的新產品，似乎即將成為凡多姆海伍公司的生力軍呢。

Q 狩獵魔女是什麼樣的情況呢？

A 就是許多被告發為魔女的人都遭到處刑。

騎著掃帚的魔女圖

「魔女的詛咒篇」舞台來到了德國。不擅長德語的謝爾少爺說得七零八落，十分苦惱。

14世紀至17世紀末，歐洲盛行狩獵魔女。提到魔女，給人的印象可能是使用詭異的咒術或魔法來加害他人，但這種人當然不存在。實際情形是人們為了逃離饑荒、疫情、天地異變等苦難，才會將災厄歸咎於魔女的妖術，說起來開端就是肇因於人們的迷信。

而無辜遭到冤罪處刑的人，據說高達數十萬至數百萬人。

芬蘭三溫暖與普通的三溫暖有什麼不同？

在此說明歷史悠久的芬蘭三溫暖的沐浴方式吧。

三溫暖的浴室內

克勞斯先生在芬蘭享受了三溫暖。芬蘭是三溫暖的發祥地，據說已經有上千年的歷史。在日本，三溫暖多數併設在暖和的浴室裡，但是雪國芬蘭的就比較刺激一點。芬蘭的三溫暖裡，會把水澆在燒熱的石頭上產生熱蒸氣，再用白樺樹的葉子拍打身體做肌肉按摩。等到覺得很熱時再 cleaning。

所謂的 cleaning，是暫時離開三溫暖室冷卻身體的動作，例如在雪地上打滾，或在表面結冰的河裡、湖裡游泳等，可說是相當大膽的行徑。

希望謝爾少爺務必要去體驗看看。能夠促進新陳代謝，對健康也有幫助。絕對不是因為我們想要看謝爾少爺困擾的可愛模樣喔。

Q 謝爾與賽巴斯欽所說的魔女的夜宴是什麼？

A 據說是魔女們聚集並舉行惡魔崇拜的儀式。

聚集在夜宴上的惡魔與魔女們

雖然謝爾少爺斬釘截鐵地表示那些相信有魔女存在的人很奇怪，不過站在他身旁的人可是惡魔執事呢。聽完賽巴斯欽講述夜宴之事後，想問些什麼卻欲言又止的謝爾少爺，實在很耐人尋味。

據說存在於中世紀歐洲的魔女的夜宴，又稱為Sabbat，人們相信那是魔女召喚惡魔的集會。傳說在夜宴時，會在深山或洞窟裡舉行惡魔崇拜的儀式和酒池肉林的宴席。

如果是臉上掛著邪惡笑容的賽巴斯欽的夜宴，相信現代一定有不少魔女會自願參加吧。

Q 狼人森林裡的居民所穿的是哪個年代的服飾？

A 應該是數百年前，比較接近中世紀歐洲的服裝。

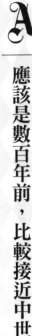

狼谷這座位於狼人森林裡的村子，居民的服裝打扮簡直讓人無法想像那是19世紀。從他們的服裝來判斷，應該仍保有中世紀盛行狩獵魔女那個時代的裝扮。甚至給人感覺彷彿只有這個地方的時間是靜止的。

當時女性的服裝前胸大大地敞開，還有替換袖子的時尚配件，此外，頭上戴著帽子或頭巾等據說也很流行。順帶一提，領主沙利凡小姐綁成角型的髮型及頭紗，和當時上流階級市民喜愛的款式很類似，似乎也跟其他的居民有些不同呢。

中世紀歐洲女性的服裝打扮

漫畫單行本所沒有的！
主標、標語解說集 vol.18

第 83 話　那名執事……贊同　刊載於 2013 年 8 月號

主標　成為校長的葬儀社
標語　溫斯頓公學校長，掌握學園一切的人——最好是啦（笑）
尾標　他們嘲弄著，人們的行為
解說　之前都是以 P4 來做慕夏仿畫，這回則是將校長＝葬儀社也加入了系列扉頁。是否代表了 P4 的立場與葬儀社相同呢？

第 84 話　那名執事……想像　刊載於 2013 年 9 月號

主標　殺了人的 P4
標語　玩賞花朵　饜足而枯朽之後　又生新芽
尾標　大英帝國的象徵——維多利亞女王。她眼中映照著什麼呢 ?!
解說　殺了人而手染鮮血的 P4。可是扉頁上的他們，卻是倒在葬儀社的腳邊，彷彿他們也被殺了。

第 85 話　那名執事……滑行　刊載於 2013 年 10 月號

主標　很忙碌的伯爵閣下
標語　應邀前往之地，是結合了傳統與技術的迷宮
尾標　遭遇挫折也會奮力崛起，這就是……我的主人
解說　畫著謝爾少爺逛街景象的扉頁。在經歷過威斯頓公學的所有惱人事情之後，看到這般平和的插圖會讓人鬆一口氣呢。

第 86 話　那名執事……車上　刊載於 2013 年 11 月號

主標　享受著獵狐樂趣的貴族們
標語　Trick or Read，不讀信，就搗蛋喔
尾標　與上一代伯爵締結直屬學弟盟約的男人——戴德利希。舞台來到他所居住的德國。
解說　扉頁是萬聖節版本呢。以謝爾少爺為首，僕人們都打扮成怪物開心地登場囉。

第 87 話　那名執事……探訪　刊載於 2013 年 12 月號

主標　主僕兩人抵達德國……
標語　身分、體型、身世……扭曲了一切的兩人之旅
尾標　與魔女的邂逅 ?!
解說　謝爾少爺等人搭乘火車前往狼人潛伏的森林。光看扉頁會覺得是很平和的旅程，事實上，這是要去調查詛咒森林的路上。

纏足的少女
與狼人的詛咒

Outline
故事大要

狼人森林，
在森林裡出現的「狼人」，
任何人只要目擊到牠，就會遭到狼人的詛咒，
最後迎向死亡……

謝爾一行人前往這座森林裡的某個村落，
在那裡的人比什麼都還要懼怕狼人。

而在這時，謝爾在森林裡
遇上了狼人。

於是遭到根本不可能存在的詛咒纏身，
謝爾的腦海再度浮現過去的心理創傷，
記憶不斷回溯著從前。

究竟，狼人詛咒的真面目為何呢……

Q 前往綠館的路上所看到的可怕道具是什麼？

A 各種用來審判魔女的拷問道具。

眾人前往沙利凡小姐的宅邸——綠館時，眼前出現了許多可怕的拷問道具。正如賽巴斯欽所說，那些是用來審判魔女的道具，被指控為魔女的人，在承認自己就是魔女之前，將面臨利用這些道具來執行的種種拷問。

例如在前往宅邸的路上，矗立著一具像棺材一樣有著人臉的道具，名為鐵處女。它的內部有許多長刺，將罪人推進裡面後關上門，罪人就會遭到全身被刺穿的酷刑。

此外，還有必須裸體坐在布滿刺棘的椅子上好幾個小時、活生生地被大鋸子割開……在那個瘋狂的時代，為了拷問可以發明出許多刑具。即使狼谷是魔女們逃難的庇護所，可他們的想法與那個時代仍是有所共鳴呢。

鐵處女

第88話

那名執事……助長

Q 為什麼會出現像沙利凡小姐那樣的小腳呢？

A 在中國有著名為纏足，將女性的腳變小的習俗。

總是讓沃魯夫拉姆抱著走的沙利凡小姐，她的腳被人施以中國古代習俗所流傳下來的纏足。纏足是生於富有人家的上流階級女性才會做的事。女孩年幼時就必須用布把雙腳纏緊，長時間下來就能把腳整成了小腳。

據說腳丫越是精美小巧就越有魅力，會因此引來許多男子上門提親。纏足的女性無法獨自行走，走動時似乎要靠手杖等物輔助。至於沙利凡小姐靠魔女氣球自在地行動，確實充滿了魔女的風格。

纏足

第88話

那名執事……助長

Q 沃魯夫拉姆製作的德國料理——德式水餃是什麼？

A 斷食期間耐不住餓的修道士所想出來的麵食料理。

賽巴斯欽幫助沃魯夫拉姆提升烹飪效率所完成的晚餐，包括了德式水餃、白香腸湯、豬腿肉做成的德國豬腳、果汁麥糊等德國料理，看上去豪華又美味。其中沃魯夫拉姆認真製作的德式水餃，就像義大利的義式方餃、義大利小餛飩和中國的餃子那樣，是用麵皮把肉類等餡料包起來的一種德國鄉土料理。

想出這道料理的人，據說是中世紀的一位修道士，他在復活節前的齋戒斷食期間，想到可以把肉包在義大利麵皮裡，透過這樣的方法來偷吃肉。因此德式水餃的別名又叫做「Herrgottsbscheisserle」（欺瞞上帝）。

第89話

那名執事……警鐘

Q 狼人是什麼樣的生物？

A 出現在古老傳說中，外貌像狼的怪物。

大家耳熟能詳的狼人，是經常出現在現在日本的遊戲或漫畫中的怪物。好好的一個人，卻在看到月亮之後忽然變成一匹狼並襲擊人類……想來有不少人印象中的故事都是如此吧。近年來則是在「誰是狼人？」這款桌遊中被當作題材而廣為人知。

許多地區都存在著狼人的傳說，似乎從世界最古老的美索不達米亞神話時代開始，狼人就已經登場了。尤其在中世紀時期，狼的外貌被視為惡魔的化身，人們深信不只是魔女，狼人也會與惡魔勾結。因此除了狩獵魔女之外，也會「狩獵狼人」，許多人因此被囚禁並處刑。

狼人

護身符有什麼樣的效果？

有代替主人吸收厄運、除魔的效果。

「剛才……對不起。我們……好好相處吧！」即使覺得麻煩，謝爾少爺還是用生硬的德語向沙利凡小姐要求握手，他臉頰通紅，雙眼往上看的樣子，簡直迷死人了，應該沒有人會選擇不跟他好好相處吧？

跑來夜襲（？）的沙利凡小姐，把驅除狼人的護身符送給謝爾少爺與賽巴斯欽。護身符又稱為御守，其效果大致可分為三種。其一是代替擁有者承受災厄的替身效果，還有就是吸收負能量的吸收效果，以及驅除魔障的除魔效果。沙利凡小姐所給的護身符，應該就是能防止狼人接近的除魔護身符。

仔細觀察我們周遭，也有不少像小鹽碟或注連繩這類以除魔為目的的物品呢。

狼人森林裡的瘴氣是什麼？

直到近年來都是引發傳染病及重病的原因。

才剛踏進狼人森林沒多久，謝爾少爺的雙眼就落下大滴的淚珠。這種平常難得一見的珍貴模樣實在太讓人興奮了……但這可不是想這些亂七八糟事情的時候，覆蓋了森林的濃霧，是連賽巴斯欽都不曾感受過的瘴氣，是讓人感到非常不安的一幕。

自古以來，世界上就存在著被稱為瘴氣的氣體或霧狀空氣，它被視為引起熱病及傳染病的原因。被髒污的土地或水覆蓋的沼澤和濕地會產生瘴氣，一般認為若是與之接觸或吸入瘴氣，就會對身體有所損害。

而狼人森林裡的瘴氣，是狼人所釋放的邪惡魔力，因此與自古以來所說的瘴氣似乎不太相同呢。

Q 沙利凡小姐在淨化儀式中所詠唱的內容是什麼？

A 應該是向神明祈求淨化詛咒的咒語。

為了受到狼人詛咒的謝爾少爺與賽巴斯欽，沙利凡小姐在大鍋旁執行淨化儀式。關於她在這時候所詠唱的咒語，我們稍微來解讀看看吧。

北歐神話

「三柱命運女神啊，在此賜下兀爾德之泉的恩惠」，首先這裡的三柱命運女神，指的是被稱為命運女神的三姊妹。

接著來看「兀爾德之泉」，這是世界之樹三大樹根之一的所在地，是座擁有強力淨化作用的泉水，名稱的由來就是三柱女神的長女兀爾德。接下來她所唸的咒語各自代表的意思——「嘎多・巴魯」（Gad Baal）指的是幸運之人，「索魯」（Sól）是太陽神，而「馬尼」（Máni）是指月之神。

那麼可以做這樣的推測——為了受到詛咒的兩人，要召喚命運女神以淨化詛咒，並且為了獲得幸運，便向太陽與月之女神祈求諒解。咒語的內容應該是這樣的意思吧？

餐桌禮儀是全世界共通的嗎？

請注意英式禮儀與法式禮儀有所不同。

除了謝爾少爺自己之外，平常與他同桌用餐的人，幾乎都是從小就學習了餐桌禮儀，因此他才會對沙利凡小姐那種野孩子般的教養感到相當吃驚。

話雖如此，對於不曾離開過狼谷的沙利凡小姐來說，這樣應該也沒什麼關係吧。順帶一提，不曉得各位讀者知道嗎？餐桌禮儀大致分成兩種，即英式禮儀與法式禮儀。

以英式禮儀來說，會把料理放在叉背上進食，但這在法式禮儀中是NG的。此外還有喝湯，相對於英式是從用餐者面前往外側舀湯，法式則是由外往內舀。若能遵從英式餐桌禮儀，依照和謝爾少爺他們相同的規矩享用餐點，或許會感覺跟他們更親近一點喔。

第91話 那名執事……變更

謝爾替菲尼取的名字由來是？

來自凱爾特神話中的〈菲尼安時期〉。

遭狼人詛咒的謝爾少爺，拒絕他人的靠近。而唯一能夠接近他身邊的，就是僕人菲尼安。菲尼安忘不了被謝爾少爺拯救的過去，誓言守護少爺。他曾是受試者，並被當成武器，稱為12號，但謝爾少爺以某個故事的典故替他取了名字。

那就是愛爾蘭自古流傳下來的凱爾特神話中的〈菲尼安時期〉（Fenian Cycle）。這個故事的主角是騎士團的首領——一位擁有透明白皙的肌膚與美麗金髮、充滿魅力的青年。謝爾少爺看到被當成受試者，失去了自我的12號有一頭美麗的金髮，所以才會替他取這個名字吧。與謝爾少爺相遇後，菲尼安得到了名字和園丁這份工作，以及正常人的生活。

Q 能否再多說一些凱爾特神話的相關資訊？

A 後世許多創作冒險故事都深受其影響。

妖精之歌

關於《黑執事》故事中時不時會拿來作為參考的凱爾特神話，我們再多做一些說明吧。

凱爾特神話，是源自於古代凱爾特人所信仰的民間故事與宗教。凱爾特人沒有文字，直到某個時代之前都是由神官或僧侶口述傳承。這些故事後來傳到愛爾蘭及威爾斯地區，各自留下了一些文獻。現代所說的凱爾特神話，多半是以愛爾蘭地區流傳下來的故事為主。

凱爾特神話中誕生了名為妖精、矮精靈等妖精類，也是亞瑟王傳說的來源，直到現代也影響了《魔戒》（The Lord of the Rings）等各種作品的誕生。閱讀《黑執事》時，如果具備了凱特爾神話的相關知識，應該能夠更深入地享受故事吧。

那名執事……效勞

那個時代有電梯嗎？

動力電梯已經誕生了。但是……

由於綠館裡出現了狼人，事態開始有了極大的轉變。魔女的「工作」，就是完成終極魔法。這個為了狼人而進行的儀式，顯然就是在地下深處舉行。

而為了前往這個地下深處，所使用的就是看起來很像電梯的器具。根據史料，19世紀正好就是開發並販售最早的動力電梯的時代。在這之前，只能靠人力來踩踏水車類的工具，把東西往上捲起，不過若是要使用在人身上，則有安全上的疑慮。

狼谷是穿著舊時代服裝的居民，以及魔女與狼人所在的村落，因此可以把電梯的動力想成是魔力就好。不過在這座與外界隔離的村落裡，總讓人忍不住覺得肯定還有許多未知的祕密。

那名執事……效勞

沃魯夫拉姆用鑷子夾的是什麼東西？

他似乎打算用小砝碼來完美地計算重量。

按照菜單來秤量材料的沃魯夫拉姆，在準備晚餐時跟天秤大眼瞪小眼，那模樣與其說是在煮菜，倒更像在做科學實驗。

天秤的歷史很悠久，據說連西元前2500年到700年繁榮發展的印度河流域文明的摩亨卓－達羅（Mohenjo-daro）遺跡裡，都曾發現天秤的存在。19世紀在歐洲所使用的天秤，有很多都會在支柱頂端部分做講究的裝飾雕刻，從這一點看來，即使是自古形式就已經固定的天秤，在當時也可能被用來追求流行或是當成創作。以添加或減少克數的砝碼來秤重，在一切都已經電子化的現代來說似乎非常麻煩。如果是拜託謝爾少爺來秤量的話……幾分鐘後，肯定是賽巴斯欽站在天秤前吧。

漫畫單行本所沒有的！
主標、標語解說集 vol.19

第 88 話　那名執事……助長　刊載於 2014 年 1 月號

主標　魔女之村的領主登場
標語　因為貪求，於是特別溫柔……
尾標　事態急轉直下 !!
解說　扉頁上是賽巴斯欽與謎樣女子兩人的合影。難道就像標語所說，賽巴斯欽貪求的是這名女性嗎？

第 89 話　那名執事……警鐘　刊載於 2014 年 2 月號

主標　目標這麼快就出現了 ?!
標語　捨棄信任與依賴吧。終究，那些都只是外套掀起時的塵埃
尾標　兩人都中了狼人的詛咒 ?!
解說　扉頁是姿勢帥氣的謝爾少爺。眼罩也取下了，姿態確實傲氣凜然。沒想到這樣的他會遭到狼人的毒手，變成那個模樣……

第 90 話　那名執事……外調　刊載於 2014 年 3 月號

主標　被詛咒的主僕 ?!
標語　醒不過來的幸福
尾標　在詛咒森林裡的出租執事？
解說　被狼人所詛咒的謝爾少爺。扉頁畫著他獨自躺在彷彿是森林的地方，這種恐怖氛圍是否正展現出謝爾少爺的情感呢？

第 91 話　那名執事……變更　刊載於 2014 年 4 月號

主標　拒絕執事的主人
標語　睥睨著詛咒之森的深綠色
尾標　謝爾落淚的理由是……
解說　扉頁上是帶著自得笑容經過沙利凡小姐畫像前的賽巴斯欽。這幅畫或許是要表示他變成了沙利凡小姐的新執事。

第 92 話　那名執事……效勞　刊載於 2014 年 5 月號

主標　遭到不明事物襲擊而呈現毀滅狀態的某設施
標語　徹底改變了我的事物
尾標　因為主人的狀態而感到困惑的執事……
解說　園丁菲尼在扉頁登場。上方畫的物品可能都是謝爾少爺送給菲尼的禮物。拿著草帽的那隻手，應該是謝爾少爺的手吧。

連載中

恐怖的詛咒——兩個謝爾

Outline
故　事　大　要

謝爾受到狼人詛咒所折磨。
他在痛苦之際，與另一個自己對話。

謝爾恐懼得全身發抖，
而賽巴斯欽就在一旁看著。

要放棄看門狗的職責嗎？
面對賽巴斯欽的這個問題，
謝爾給予肯定的答案。

怒火中燒的賽巴斯欽決定吃了謝爾。

契約會就此終止嗎？
或者能夠消除詛咒，
讓謝爾得以找回
真正的自己呢……

白金漢宮

Q 女王陛下所在的白金漢宮是什麼樣的地方？

A 英國王室的正式宮殿。

白金漢宮是歷代英國王室的正式宮殿。宮殿裡包括接待廳、客用寢室、辦公室等等，所有房間的數量高達七百七十五間。

此外，這裡不只是執行王室職務的地點，也用來作為晚宴或敘勳式的會場，是英國最重要的正式宮殿。目前也是非常受歡迎的觀光景點，王室禁衛軍進行交接儀式時，觀光客更是蜂擁而至！

維多利亞女王陛下在位的近六十四年間，英國迎來了空前的繁榮盛世，這段時期也稱為維多利亞時代。《黑執事》作品中所描繪的女王陛下，不只擁有身為統治者的氣度及威儀，也有俏皮可愛的一面，還隱約可見笑容背面深不見底的黑暗面。身為謝爾少爺的大老闆，確實擁有其獨特的存在感。

第93話

那名執事……下降

Q：用於魔法陣上的德貝＊文字是？

A：別名為「魔女的文字」。

德貝文字是古代的象形文字，又稱為「魔女的文字」。被認為擁有不可思議的力量，用來標記結界等事物。

看到沙利凡小姐所做的地下魔法陣上的文字，賽巴斯欽喃喃自語地說著「真令人懷念」。莫非他從前曾以惡魔的身分與魔女有過交流嗎？

放在魔法陣中央，用來製作魔杖的方解石，其構造能使進入其中的光芒往兩個方向分離。這種現象被認為可以讓事物的能量倍增。

©Jerzy Strzelecki

底比斯遺跡
盧克索神廟（Luxor Temple）

＊此為繁體中譯漫畫版中的譯名，一般稱之為「底比斯」。

第94話

那名執事……激昂

Q：沙利凡小姐所讀的那本書書名是？

A：簡單來說就是《家庭醫學》吧。

謝爾少爺等人將被趕出綠館，想要去送行的沙利凡小姐正戀戀不捨地閱讀的書籍，是賽巴斯欽借給她的《THE FAMILY PHYSICIAN》。若要以日本風格來舉例，書名應該叫做《家庭醫學》。那是一本記載了英國民間療法的書。

例如要治療喉嚨痛，賽巴斯欽所介紹的就是拿培根圍在脖子上這種極端的特殊方式。為了避免讀者誤解，我們再舉個其他例子吧。

「為了預防感冒，要喝加了蜂蜜的溫檸檬水」。在英國，預防感冒還是少不了維生素C。

看到沙利凡小姐如此沉浸在醫療書籍中，若是她能到外面的世界，或許可以成為一位醫術精湛的醫生呢。

第94話 那名執事……激昂

Q 請問「來自遠方的情書*」是什麼意思？

A 可能是源自於一首歌謠或是某部漫畫。

約翰登場時的主標是「來自遠方（倫敦）的情書」。

其中一個可能性是源自於1978年發行的二重唱歌謠〈來自加拿大的信〉。歌中不斷地重複「情書來自於♪～」這句歌詞。當年這首歌非常熱門，還曾入選參加過某個歌唱大賽。

另一個可能則是2000年發售的早見純的漫畫《來自遠方的情書》。這部漫畫的故事風格非常獨特，至今仍有許多死忠粉絲支持。

約翰沒有騎他的愛馬，從遙遠的倫敦送來女王陛下的情書，這樣的狀況要和上述兩者做連結實在是非常困難的事，因此若還有機會，但願能再度為各位讀者說明一番。

〈來自加拿大的信〉
Single, Maxi
發行：勝利娛樂（日本）

《來自遠方的情書》
出版社：太田出版（日本）

＊這是第[illegible]4話在《GFantasy》連載時的主標。

参 考 文 獻

《世界の食文化〈8〉インド》（農山漁村文化協会）
小磯千尋・小磯学 著

《インドカレー伝》（河出書房新社）
リジー・コリンガム 著　東郷えりか 訳

《ラファエル前派　ヴィクトリア時代の幻視者たち》（創元社）
ローランス・デ・カール 著 高階秀爾監修　Laurence Des Cars 原著　村上尚子訳

《サーカス　起源・発展・展望》（ありな書房）
エヴゲニイ・クズネツォフ 著　桑野隆 訳

《図説　マザーグース》（河出書房新社）
藤野紀男 著

國家圖書館出版品預行編目(CIP)資料

超解讀 黑執事最終研究：凡多姆海伍家的禁忌祕本 / 惡魔製作委員會編著：鍾明秀翻譯. -- 初版. -- 新北市：大風文創, 2016.08
面； 公分. -- (COMIX 愛動漫；017)
譯自：超解読 黒執事 ファントムハイヴ家の禁断の秘本
ISBN 978-986-93314-3-2(平裝)

1. 漫畫 2. 讀物研究
947.41 105013504

COMIX 愛動漫 017

超解讀 黑執事最終研究

凡多姆海伍家的禁忌祕本

編　　著／惡魔製作委員會（あくまで製作委員会）
翻　　譯／鍾明秀
特約編輯／黃慧文
主　　編／陳琬綾
編輯企劃／大風文化
發 行 人／張英利
出 版 者／大風文創股份有限公司
電　　話／(02)2218-0701
傳　　真／(02)2218-0704
網　　址／http://windwind.com.tw
E-Mail／rphsale@gmail.com
Facebook／大風文創粉絲團
http://www.facebook.com/windwindinternational
地　　址／231 台灣新北市新店區中正路 499 號 4 樓

香港地區總經銷 / 豐達出版發行有限公司
電話 /（852）2172-6533
傳真 /（852）2172-4355
地址 / 香港柴灣永泰道 70 號 柴灣工業城 2 期 1805 室

初版六刷／2021 年 3 月
定　　價／新台幣 250 元